PROJET

DE

CAISSE DE RETRAITE

POUR

LES OUVRIERS

PÉTITION

ADRESSÉE A L'ASSEMBLÉE NATIONALE

Le 20 Novembre 1875

PAR

PAUL-EMILE LAVIRON

PARIS

IMPRIMERIE SERINGE FRÈRES

PLACE DU CAIRE, 2

PROJET

DE

CAISSE DE RETRAITE

POUR

LES OUVRIERS

PÉTITION

ADRESSÉE A L'ASSEMBLÉE NATIONALE

Le 20 Novembre 1875

PARIS

IMPRIMERIE SERINGE FRÈRES

PLACE DU CAIRE, 2

PÉTITION à l'Assemblée nationale pour la création d'une Caisse de Retraite en faveur des Ouvriers et Ouvrières des Villes et des Campagnes.

MESSIEURS LES DÉPUTÉS,

L'Assemblée nationale, par une loi du 24 avril 1872, a institué une grande commission d'enquête parlementaire chargée d'étudier la condition des ouvriers en France. Cette sage et généreuse mesure avait été provoquée par M. le duc d'Audiffret-Pasquier, qui l'a justifiée ainsi :

« J'ai l'honneur de soumettre à l'Assemblée nationale une proposition signée par plusieurs de nos collègues : MM. le Président, Sacase, Laboulaye, le comte Rampon et moi...

« Je ne viens pas développer cette proposition devant vous, Messieurs; je n'ai pas besoin d'appeler votre attention sur sa gravité. Elle soulève la question sociale, qui, à mon sens, dépasse et domine toutes les questions politiques, et qui, à coup sûr, mérite les méditations de tous les hommes sérieux...

« Sans doute, il est du devoir de l'Assemblée et du devoir de la société de se défendre; mais je me demande si ce n'est pas un devoir aussi sacré d'entendre avec une profonde sympathie l'exposé des besoins, des doléances, des intérêts, des aspirations des classes ouvrières; s'il suffit de sévir, et s'il n'est pas très-politique et très-juste d'écouter et de s'éclairer afin de porter remède, si nous le pouvons, aux maux qui nous seraient révélés.... »

Il s'agissait donc de vous mettre à même « de connaître les besoins des classes souffrantes et d'y pourvoir dans la mesure du juste. »

La Commission chargée par vous, Messieurs les Députés, de préparer les voies à la réalisation de cette « pensée d'équité et de pacification, » s'est mise immédiatement à l'œuvre ; et elle n'a cessé depuis de travailler à l'accomplissement de son importante mission. Le programme qu'elle avait à remplir demandait de longues et minutieuses recherches. Il embrassait nécessairement l'existence entière de l'ouvrier, aussi bien la période pendant laquelle il est capable de produire que celle où l'âge le force au repos, c'est-à-dire son présent et son avenir.

La première partie de ce programme, surtout, comprend des sujets nombreux et variés, offre à l'esprit des « problèmes délicats et difficiles, » et, à ce titre, elle a dû tout particulièrement préoccuper votre grande Commission d'enquête.

Cependant l'autre partie, celle qui se rapporte à la dernière période de l'existence de l'ouvrier, n'est pas sans soulever aussi de graves questions. Elle est, d'ailleurs, comme la précédente, d'un intérêt majeur au point de vue de l'humanité et de l'ordre social. Permettez-moi de m'y arrêter spécialement et de vous soumettre avec déférence les réflexions qu'elle m'a suggérées.

S'il est bon, me suis-je dit, de ne pas oublier le sort actuel de ceux qui travaillent pour vivre, il n'importe pas moins de s'occuper de leur avenir. Ce qui entretient chez eux cet esprit malsain, qui se traduit périodiquement par des crises plus ou moins sanglantes, plus ou moins désastreuses, ce n'est pas seulement le défaut d'aisance dans le présent, c'est encore et surtout l'inquiétude du lendemain. Leur grande préoccupation, c'est l'incertitude de l'avenir, ou plutôt la certitude trop réelle d'un triste avenir. Si certains hasards de la vie ne les favorisent pas de manière à leur faciliter quelques économies, à les élever au rang de patrons, à les doter d'un héritage, etc., quelle perspective leur reste-t-il? — Après une jeunesse laborieuse et gênée, et quand arrive l'heure des infirmités et de la vieillesse, il leur reste... la mendicité, c'est-à-dire le bureau de bienfaisance et l'hôpital... ou bien la commisération de parents qui déjà se suffisent à peine... ou bien l'extinction dans l'isolement.

Cette désolante perspective, il ne faut pas se le dissimuler, est une des causes principales des crimes publics et privés, qui se perpétuent de siècle en siècle et semblent donner un démenti à la civilisation. Elle conduit les hommes aux attentats contre les personnes, aux révoltes contre la société, et les femmes à une vie de dérèglement et de honte.

Hé bien! que faudrait-il, je ne dirai pas pour supprimer absolument ces aberrations morales et matérielles (ce serait de l'utopie), mais pour les réduire à des proportions presque insignifiantes et les rendre peu dangereuses dans l'ordre politique et social? — Il faudrait aviser au moyen d'assurer un avenir aux ouvriers et ouvrières, leur montrer comme récompense d'une vie laborieuse et honnête la sécurité de leurs vieux jours, en un mot instituer en leur faveur une Caisse de retraite.

Mais où trouver les fonds nécessaires à l'alimentation de cette Caisse ?

N'oublions pas que c est le travail qui crée la richesse, soit nationale, soit particulière, et que dès lors cette richesse doit satisfaire les besoins de tous les travailleurs sans exception. Elle y pourvoie plus ou moins largement pour un certain nombre d'entre eux par le moyen de l'intérêt du capital, des bénéfices de l'industrie, des ressources du budget, etc. Les autres, les simples ouvriers, n'en retirent généralement qu'un salaire à peine suffisant pour les faire vivre dans le présent. Resterait donc à en étendre les bienfaits à ces derniers, en la soumettant à une sorte de retenue qui serait la garantie de leur existence à venir.

Il est bien entendu que ce résultat doit être obtenu sans toucher aux principes sur lesquels repose l'organisation sociale, sans porter atteinte aux droits légitimement acquis, sans s'attaquer à la propriété.

Malheureusement, certains publicistes n'ont vu de remède au mal que dans la transformation plus ou moins complète de cette propriété. Leur système, si contraire aux vrais sentiments de justice, ne pouvait que soulever d'indomptables résistances; et bien loin d'aboutir à une amélioration quelconque, il n'a eu d'autre effet que de faire ajourner indéfiniment la solution du problème. D'où vient alors qu'une idée aussi impraticable, et par suite aussi impuissante à apporter quelque soulagement aux misères d'en bas, ait pu recruter parmi le peuple assez de partisans pour produire, à certains moments, des troubles sérieux dans la société?

La cause de l'accueil déplorable fait aux attaques contre la propriété ne saurait être attribuée qu'à l'insuffisance des notions fournies sur son véritable caractère et au défaut d'une instruction de nature à permettre à tous d'en comprendre la haute moralité.

Pour la justifier pleinement et mettre son principe hors de toute contestation, il eût été nécessaire d'insister davantage sur cette idée que chaque individu tient de la nature le droit de vivre des produits de son travail, et que, sous notre régime social, il n'y a pour lui d'autre moyen d'exercer ce droit, quand il ne

peut plus travailler, que la possession personnelle d'un capital productif.

L'homme, qui a besoin toute sa vie des objets propres à sa consommation, ne jouit que
pendant un temps limité de la faculté de
produire ces objets. Il faut que, pendant cette
période d'activité, il produise plus qu'il ne
consomme (ce qui existe en fait) et se fasse
avec la différence des réserves pour l'avenir.
Ce sont ces réserves accumulées qui sont destinées à constituer son avoir, son capital fu-
tur, ses moyens d'existence dans la période
de repos, et il lui importe que la conservation
en soit mise à l'abri de tout risque. C'est là
pour lui un droit naturel incontestable.

Mais la société ne lui garantit rien à cet
égard, et si ces mêmes réserves restaient à
l'état de simples produits, se détruisant par
l'usage et exposés, d'ailleurs, à toutes sortes
d'éventualités fâcheuses, elles seraient loin de
lui offrir une sécurité complète pour ses vieux
jours. Il est donc obligé de chercher à pourvoir lui-même à leur stabilité, et il y parvient
en les convertissant en une propriété territo-

riale ou financière. C'est une sorte de gage qu'il se donne, une sorte d'hypothèque qu'il prend sur le fonds commun, pour s'assurer la jouissance permanente du fruit économisé de son travail, pour se constituer, sous forme de revenus, ce qu'on pourrait appeler sa pension de retraite. A ce point de vue, la propriété est, chez celui qui la détient, absolument légitime et sacrée; elle est inviolable comme son droit même à l'existence. C'est alors que la société intervient, et à juste titre, pour le confirmer dans la possession de ce gage.

Si l'on avait toujours eu soin de bien faire ressortir cette justification souveraine du droit de propriété, il ne serait venu à personne la pensée de le contester. Les exclus n'auraient pu, au contraire, que l'affirmer, en invoquant dans leur propre intérêt sa raison d'être : la garantie de l'existence.

Cette garantie est due à tous les travailleurs, à raison de l'excédant que leur production laisse sur leur consommation, et il est nécessaire que tous l'obtiennent sous une forme ou sous une autre. Tant mieux pour ceux qui ont réussi à l'acquérir par le moyen de la propriété : c'était leur droit, et il doit être respecté. Il n'y a, de ce chef, aucune revendication à exercer contre eux.

Mais les autres, qui avaient un droit identique, ne sauraient en être déclarés déchus par cela seul qu'ils n'ont pas été assez heureux pour arriver à se procurer le même gage. Il y aurait évidemment excès à leur opposer cette circonstance comme une fin de non-recevoir absolue. « Il ne serait pas juste, a dit M. le comte de Melun dans son excellent rapport sur les institutions charitables, de croire que la misère est toujours le fruit du vice;... il y a dans ce monde bien des misères imméritées. » Et en effet, il est matériellement impossible que tout le monde parvienne à la propriété effective; mais ceux qui s'en trouvent privés ne conservent pas moins leur droit à la sécurité qu'elle procure, et c'est précisément en s'appuyant sur son principe et en en reconnaissant ainsi la légitimité qu'ils peuvent prétendre arriver, — par d'autres voies, — à l'exercice de ce droit.

L'ouvrier qui est resté prolétaire n'a pourtant pas consommé, nous l'avons fait remarquer, tout ce qu'il a produit. La plus-value qu'il a laissée et qui n'a pas été réalisée dans son intérêt direct, a profité à la société prise dans son ensemble; elle s'est confondue avec la masse des revenus capitalisés et a contribué à accroître d'autant la richesse générale. Il est donc de la plus rigoureuse équité de faire contribuer cette richesse au soulagement de ses dernières années. Dans ce système, les pensions des travailleurs parvenus à l'âge de la retraite deviennent une charge sociale de premier ordre, à l'instar de l'instruction, de la justice, de l'armée, etc., et il semble naturel qu'il y soit pourvu de la même manière, c'est-à-dire au moyen des revenus publics.

D'abord tout ce qui, dans la richesse générale, n'est pas devenu l'objet d'une propriété privée, pourrait très-légitimement être considéré comme la propriété indivise de ceux qui n'en ont aucune. Ces derniers, n'ayant pas eu la chance de trouver une part pour eux dans cette richesse, dont la plus grande masse a servi à désintéresser les autres, devraient tout au moins être sensés avoir conservé leurs droits sur le surplus qui est demeuré libre et qui compose le domaine public. Ce domaine formerait ainsi une réserve faite pour leur compte par les soins de la société elle-même.

Dans cet ordre d'idée, il conviendrait de porter en première ligne les biens qui doivent nécessairement rester en dehors de toute appropriation individuelle, tels que les lais et relais de la mer, certaines parcelles libres des quais des fleuves et rivières, etc., etc.

D'après un rapport fait sur la proposition de l'honorable M. Parent, relative au relevé des biens du domaine public, ces différents terrains ne manqueraient pas d'importance. « Il y a, lit-on dans ce rapport, des immeubles que l'on pourrait louer ou mettre en valeur pour les soustraire aux usurpations des riverains, tels que les lais et relais de la mer, dont la

superficie, d'après les renseignements donnés par M. le Directeur général de l'enregis-
trement et des domaines, ne serait pas moindre de 200,000 hectares, sans compter les retranchements des routes nationales et les
terrains provenant du retrait artificiel des
eaux des fleuves. »

Jusqu'ici, ces immeubles n'ont pas été uti-
lisés autant qu'ils pourraient l'être. Les établissements de pêcherie, les parcs à huîtres et
à moules, les dépôts de coquillage sur le ri-
vage de la mer, etc., sont autorisés par le
gouvernement, mais sans que le Trésor en
tire aucun profit (décret du 9 janvier 1852).—
Pour l'installation de cabanes destinées au
service des bains de mer, des permissions ont
été accordées moyennant une très-faible re-
devance, et elles sont maintenues abusive-
ment comme constituant un monopole ou un
privilége (arrêt de la Cour de cassation de
1869). — Les parcelles libres des quais des
fleuves et rivières sont concédées pour des
prix insuffisants, sinon tout à fait gratuitement. D'autres terrains encore, tels que les

talus et glacis des fortifications, sont presque entièrement délaissés.

Aussi M. E. Gouin, rapporteur de la Commission du budget de 1873, a-t-il reconnu « que l'État ne retire pas du domaine public tous les produits dont ce dernier est susceptible. » Mais la Commission ne s'en est pas moins montrée très-réservée dans ses conclusions; elle n'a pas voulu compter comme recette la totalité des revenus que cet état de choses permettait de prévoir. « Cependant, a dit en effet le même rapporteur, nous nous contentons d'ajouter au budget une nouvelle recette de 5,000,000 de francs, selon le chiffre indiqué par l'amendement de l'honorable M. Guichard, pour produit des parcs à huîtres, location des dépendances du domaine maritime, etc. »

Le chiffre de 5 millions est donc loin d'être en rapport avec les revenus possibles de ces derniers terrains domaniaux; il n'en représente peut-être pas la dixième partie. Supposons néanmoins qu'il en forme la moitié; ce sera déjà une somme de 5 millions à ajouter à

.celle qui a été inscrite au budget et qu'il s'agira de rendre promptement disponible.

Il est une autre nature de biens qui semblerait devoir être également exclue des choses accessibles à la propriété privée, et conservée scrupuleusement dans le domaine public : ce sont les forêts. Le rapport fait en 1872 par M. le vicomte de Bonald, au nom de la Cor   ssion de révision des services administratifs, ne laisse aucun doute à cet égard. Il établit nettement que la conservation des forêts est d'un intérêt social de premier ordre et ne doit pas dépendre des caprices d'un individu.

Les forêts possèdent au plus haut degré le caractère d'utilité publique. Elles fournissent à la consommation un objet de première et absolue nécessité, le bois pour le chauffage et pour les besoins industriels. Mais la production exige une longue élaboration : 20 à 25 ans pour les taillis, 150 à 200 ans pour les futaies ; et des particuliers, désirant naturellement jouir d'un revenu immédiat, ne résistent pas à la tentation de rapprocher les cou-

2.

pes, de convertir les futaies en taillis et même de défricher le sol.

Le défrichement a un autre inconvénient très-grave, lorsqu'il s'agit de forêts de montagne. Par leur action dominatrice sur les eaux torrentielles, ces forêts sont le plus puissant obstacle au ravinement des pentes et le moyen le plus énergique pour retenir la terre végétale sur la surface des montagnes qui, « abandonnées toutes nues aux actions extérieures, seraient bientôt réduites à un squelette rocheux, et n'offriraient plus à l'homme que des masses incultes et inhabitables, » (Étude de MM. Surell et Cézanne sur les torrents des Hautes-Alpes.)

La funeste tendance des particuliers au défrichement se reproduit partout. C'est ainsi que, dans une période de 40 ans, l'étendue des forêts de la France aurait été réduite d'un million d'hectares environ ; qu'à l'ile de la Réunion les déboisements auraient pris, dans ces derniers temps, des proportions menaçantes ; que depuis la conquête de l'Algérie, le sol forestier de cette colonie, loin de s'améliorer, s'est appauvri, etc. On attribue à tous ces défrichements, en outre des pertes directes qui en résultent, l'amoindrissement du volume des sources, de la fertilité du sol et de la salubrité du climat.

Toutes ces circonstances font sentir combien il serait imprudent de s'en rapporter à la propriété privée, laissée à elle-même, pour assurer au pays les divers avantages des forêts d'une manière complète et permanente. L'État seul, propriétaire impérissable, peut pourvoir à leur conservation et adopter, dans leur exploitation, des révolutions assez longues pour satisfaire à tous les besoins, sans diminuer ni surtout détruire un si précieux capital.

Ainsi, comme l'a encore écrit M. de Bonald dans son savant rapport, la propriété forestière a des caractères qui la distinguent de toutes les autres natures de propriété, des caractères qui affectent l'intérêt général et qui justifient cette affirmation d'un économiste allemand, M. Roscher, que « les forêts doivent être exploitées dans l'intérêt de la société en général, et non dans celui du fisc, » ni à plus forte raison, ajouterai-je, dans l'intérêt d'un particulier.

« Je suis de ceux, a dit dans le même sens M. Hervé de Saisy, qui considèrent les forêts nationales comme un patrimoine inaliénable, en général, aussi nécessaire à la construction de nos flottes, de nos équipages d'artillerie, qu'indispensable à l'équilibre climatérique du pays. »

La seule conclusion rationnelle à tirer de ce rapide exposé, c'est que les forêts, pas plus que les cours d'eau navigables, les chemins publics, etc., ne sauraient faire partie des choses susceptibles d'appropriation individuelle.

Autrefois, on ne reconnaissait pas aux possesseurs de forêts tous les droits qui constituent la vraie propriété, et qui se résument dans cette formule du Code civil : Le droit de jouir et de disposer des choses de la manière la plus absolue, *jus utendi et abutendi.* Ces possesseurs étaient soumis à un régime qui aboutissait à la négation même de la propriété, Il leur était défendu de défricher pour quelque cause que ce soit; ils ne pouvaient couper leurs taillis avant dix ans ; la réserve devait être de seize baliveaux par arpent, etc. (Édit d'août 1669. — Arrêt du Conseil d'État du 12 octobre 1756).

La législation nouvelle a changé tout cela. Sauf certaines formalités dont elle fait précéder les défrichements et certaines servitudes locales dont elle règle les conditions, elle permet aux particuliers d'exercer sur leurs bois tous les droits résultants de la propriété (Code forestier, art. 2 et 219).

Cependant, l'appropriation des forêts, si justement critiquée pour ses effets déplorables, est, de plus, souverainement illogique dans son origine.

Qu'est-ce qui, en principe, justifie la possession du sol et devient le point de départ légitime de la propriété? — C'est, aux yeux de tous les économistes et des législateurs eux-mêmes, l'occupation effective, continue et féconde, qui se manifeste tant par le travail actuel de l'homme que par les améliorations permanentes résultant de ce travail. Or, les forêts ne sont nullement susceptibles d'une semblable occupation. Suivant l'expression de M. de Bonald, « le bois est un produit naturel, » c'est-à-dire un produit qui n'a pas besoin de la main de l'homme pour exister, et sur lequel par conséquent tout le monde a des droits identiques. A quel titre un particulier prétendrait-il occuper d'une manière continue le terrain qui le fournit? Ce terrain ne saurait donner lieu qu'à une occupation toute accidentelle, limitée par le temps nécessaire pour permettre à chacun de récolter ce dont il a besoin, et ne pouvant en aucune façon prendre un caractère spécial de stabilité au profit d'un individu plutôt qu'à celui d'un autre. Personne dès lors n'est en droit d'invoquer en sa faveur cette possession exclusive et non interrompue qui se transforme, par voie de prescription, en propriété.

Ainsi, les forêts auraient dû rester perpétuellement en dehors de toute propriété; mais par suite de circonstances qu'il est inutile de rechercher, elles ont fini par se trouver comprises au nombre des choses individuellement appropriables. Cette situation, toute fâcheuse qu'elle paraisse, doit être religieusement respectée. Les aliénations successives de bois, qui ont été consenties ou tolérées au nom de la société, sont un fait accompli et constituent à l'égard des concessionnaires un droit acquis indiscutable. La propriété leur en ayant été transmise de bonne foi en échange d'un capital qu'ils possédaient légitimement, représente entre leurs mains une possession de même nature, c'est-à-dire également légitime. Par conséquent elle est, en ce qui les concerne, aussi sacrée, aussi inviolable que toute autre propriété.

Il importerait cependant de faire cesser cette anomalie. Jusqu'ici l'État n'a pas su comprendre que les forêts n'étaient pas susceptibles d'une appropriation spéciale, et qu'il n'avait pas le droit d'en frustrer la société dans l'intérêt d'un particulier, ni même dans celui d'un être collectif distinct. Que, du moins, il reconnaisse enfin qu'il est de son devoir le plus rigoureux, non-seulement de conserver les bois restés en sa possession, mais en outre de profiter de toutes les occasions de faire rentrer dans le domaine public ceux qui en ont été distraits.

Déjà cette rentrée lui serait facile en ce qui concerne les bois appartenant aux communes. Celles-ci, en général, n'en retirent qu'un revenu médiocre. « Une portion considérable des produits des forêts communales, a fait remarquer l'honorable M. Paul Cottin, reste aujourd'hui sans valeur ou n'atteint qu'une valeur relativement insignifiante ; l'absence ou le mauvais état des chemins forestiers en est la cause. » Rarement les communes sont en position de faire les dépenses de viabilité indispensables pour mettre ces produits à la portée du commerce et de la consommation, et par suite ils naissent, vivent et meurent sans utilité pour personne. Pourquoi l'État, soucieux de ne rien laisser perdre de la fortune publique, n'aviserait-il pas à se rendre acquéreur de ces bois, en en offrant un prix suffisamment rémunérateur. Chacun y trouverait son compte : les communes s'enrichiraient d'un revenu qu'elles eussent été incapables de se procurer autrement, et l'État pourrait, au moyen des améliorations qu'il serait à même d'exécuter, doubler, tripler, quadrupler l'intérêt de son capital.

Cette seule énonciation fait sentir tous les avantages qu'il y aurait à revenir au principe de l'inaliénabilité absolue des biens de cette nature. Si l'État avait eu conscience de son véritable rôle en matière de forêts, s'il s'en était considéré comme simple dépositaire, comme simple régisseur dans l'intérêt de la société toute entière, s'il ne s'était pas cru autorisé à s'en dessaisir pour des raisons plus ou moins spécieuses, à en disposer à titre de propriétaire, c'est-à-dire d'une manière absolue, il se trouverait aujourd'hui détenteur d'une richesse ligneuse considérable. D'après l'évaluation qui a été faite de la surface totale des bois du domaine, des communes et établissements publics et des particuliers, le revenu en peut être estimé à plus de 150 millions par an.

Malheureusement, il faut renoncer, quant à présent du moins, à la plus forte part de cette richesse. Les forêts restées domaniales, y compris celles de l'ancienne liste civile, représentent une surface de 982,701 hectares, produisant un revenu brut de 42 millions, duquel il convient de déduire 6 millions environ pour les frais spécialement relatifs à leur exploitation (Rapport de M. Gouin sur le budget du ministère des finances pour l'exercice 1873), ce qui laisse un bénéfice net de 36 millions.

Il est vrai qu'une loi a été votée en 1866 pour affecter à la dotation de l'amortissement le revenu des forêts domaniales ; mais la Caisse d'amortissement s'en était fort bien passée jusque-là, et je ne sache pas que les créanciers de l'État se soient jamais préoccupés beaucoup de ses opérations plus ou moins suivies, plus ou moins efficaces. M. Deseilligny, dont la compétence en cette matière était connue, a signalé lui-même le problème de l'amortissement comme ayant été « toujours posé et jamais résolu. » Et, notons-le bien, le crédit public ne paraît nullement en souffrir. Il n'y aurait donc aucun inconvénient à attribuer le revenu des forêts à la Caisse de retraite des ouvriers.

Pour compléter l'exposé de notre richesse ligneuse, nous avons à tenir compte des forêts de l'Algérie. Ici la position de l'État est beaucoup meilleure. Sur une étendue évaluée approximativement à 2,084,279 hectares, il aurait conservé, suivant un exposé fait en 1872, la propriété entière de 1,854,737 hectares.

Quant au revenu qu'il serait possible d'en tirer, on le trouve indiqué dans un rapport de M. Tassy, adressé la même année à M. le Ministre des finances, « Lorsque les forêts de l'Algérie, porte ce rapport, auront été amenées à l'état où se trouvent celles de la métropole, elles pourront rapporter 80 ou 100 millions de francs. » Prenons la moyenne entre ces deux sommes, soit 90 millions.

Indépendamment des biens, — inaliéuables et imprescriptibles, — dont il vient d'être parlé, l'État en possède qui ont tous les caractères de la propriété proprement dite, et sont à sa libre disposition comme ils le se-

raient entre les mains d'un propriétaire quelconque. Ils se composent d'immeubles, en
partie affectés à un service public, en partie
susceptibles de rapport.

Parmi ces derniers, il en est un grand
nombre dont les frais de régie absorbent les
revenus, ou bien qui, ne servant plus à leur
destination première, nécessitent des dépenses d'entretien sans aucune compensation, ou
bien encore dont certaines parties abandonnées restent absolument improductives, etc.
Il serait donc très-important d'en connaître
l'état exact, afin d'être à même d'en tirer le
meilleur parti possible.

Il existe bien un tableau général dressé en
1836, et continué pendant quatorze ans; mais
ce travail a été complétement abandonné depuis, et la situation des propriétés du domaine
s'est tellement modifiée dans l'intervalle qu'il
est impossible aujourd'hui d'en supputer avec
quelque précision l'étendue et la valeur.
Aussi M. Parent vous avait-il demandé de
prescrire de nouveau l'état interrompu en
1850. Cet état devait comprendre :

1° Tous les biens composant l'ancien domaine de la couronne et affectés sous l'Empire à la liste civile ; — 2° tous ceux affectés à un service public quelconque ; — 3° ceux qui y avaient été affectés et qui ont cessé de l'être ; — 4° les biens non affectés à des services publics ; — (les articles 5 et 6 compronnent les forêts de l'État et les lais et relais de la mer, dont je me suis occupé précédemment) ; — 7° les retranchements des routes nationales et les terrains provenant du retrait artificiel des eaux des fleuves ; — 8° les biens provenant des successions en déshérence ; — 9° et généralement tous les biens qui sont une dépendance de l'État, quelles que soient leur nature et leur origine.

Vous n'avez pas pensé, Messieurs les Députés, qu'il y eût urgence à adopter la proposition de M. Parent. Permettez-moi de vous en exprimer mon respectueux regret. J'aurais voulu pouvoir n'émettre sur les biens dont j'ai encore à vous entretenir que des appréciations puisées dans des documents authentiques. Mais ces documents faisant défaut, je n'en mettrai que plus de soin à maintenir mes évaluations au-dessous des chiffres les plus probables, de sorte que, s'il y a lieu à rectification, le résultat de mes calculs ne pourra qu'y gagner.

Le premier des biens inscrits dans la nomenclature ci-dessus est le domaine de la couronne. On estimait autrefois qu'il devait donner un revenu minimum de 12 millions par an. Admettons ce chiffre : nous aurons à en déduire la portion représentant le produit des forêts qui, aujourd'hui, se trouvent réunies à celles de l'État. Depuis cette réunion, si l'on s'en rapporte aux énonciations comparées des anciens et des nouveaux budgets, le rendement des forêts nationales se serait accru d'environ 5 millions. C'est cet accroissement qui formerait la portion afférente aux forêts du domaine de la couronne, portion qu'il s'agirait de déduire du revenu total de 12 millions, comme se trouvant déjà comprise dans le rendement ligneux relevé plus haut. Le produit des autres biens de ce domaine serait dès lors de 7 millions ; mais afin d'écarter toute éventualité d'erreur en trop, je ne compterai ce produit que pour 6 millions.

La couronne possédait, en outre, des valeurs mobilières et immobilières qui n'étaient d'aucun rapport et qui pourraient parfaitement être converties en capitaux productifs. Ainsi, les châteaux destinés à servir de résidence d'agrément aux souverains étaient, même dans le temps, très-rarement occupés, et sont aujourd'hui absolument sans emploi. Qu'est-ce qui empêcherait d'en disposer pour une destination plus profitable? Un semblable parti n'aurait rien d'extraordinaire. M. Hervé de Saisy lui-même vous avait proposé l'aliénation, entre autres, des parcs et châteaux de Saint-Cloud et de Meudon, et votre Commission, tout en repoussant la prise en considération, a cru pouvoir déclarer que vous seriez prêts à faire ce sacrifice, s'il était nécessaire. J'ai la confiance, Messieurs les Députés, que cette nécessité vous apparaîtra du moment où vous aurez en vue l'œuvre capitale des retraites ouvrières. Vous reprendrez alors la proposition de votre honorable collègue, en l'étendant à tous les domaines inutiles, et vous hésiterez d'autant moins que la rente ou l'exploitation de ces châteaux, parcs, etc., procurerait un revenu annuel très-important, un revenu comparable à celui des biens précités. Estimons-le donc à une somme de 6 millions.

M. de Saisy vous avait aussi proposé l'aliénation des joyaux et du mobilier de la couronne. Dans sa pensée, cette vente, qui ne devait pas comprendre les objets dont l'art et l'histoire exigent la conservation, aurait pu produire jusqu'à 40 millions. Cette évaluation paraîtra même très-modérée si l'on songe que les diamants, à eux seuls, ont été estimés, dans l'inventaire de 1832, à la somme de 20 millions 900,000 francs. Réduisons cependant le produit total de l'opération à 30 millions, nous en obtiendrons encore un intérêt de 1 million et demi.

Il est moins facile de déterminer un chiffre, même approximatif, pour le revenu possible des autres biens de l'État.

Les immeubles affectés à un service public sembleraient, à première vue, devoir rester complétement en dehors de la catégorie des biens susceptibles de profiter à la Caisse des ouvriers. Il en est cependant qui contiennent des parties inoccupées et laissées sans emploi utile, ou bien dont la partie principale est consacrée au logement des hauts fonctionnaires, tels que ministres, secrétaires généraux, préfets, directeurs d'administration, etc. MM. de Marcère, Ganivet et autres se sont élevés avec force contre l'usage onéreux de loger ces fonctionnaires, contre le luxe des hôtels qu'ils occupent, contre le ruineux apparat qui en résulte, toutes dépenses purement somptuaires « dont on peut douter qu'elles aient eu jamais une raison d'être suffisante. »

Vous avez été appelés à examiner s'il n'était pas temps de faire cesser cet abus, et vous avez décidé, par la loi de finances du 16 septembre 1871, article 27, que les ministres, sous-secrétaires d'État, secrétaires généraux, chefs de service et autres fonctionnaires et employés des ministères qui sont logés aux frais de l'État cesseraient, à partir du 1er janvier 1872, de jouir de ces logements et des avantages qui y étaient attachés. Il ne paraît guère, jusqu'à présent, qu'il ait été tiré parti, au profit du Trésor, des bâtiments rendus ainsi disponibles. D'un autre côté, il n'a pas été donné suite à la proposition de loi de M. Parent, ayant pour objet de supprimer « tous les logements concédés à des fonctionnaires de l'État ou du département, dans les hôtels de préfecture, sous-préfecture, divisions et sous-divisions militaires, dans les palais de justice et bâtiments des douanes. »

L'usage de loger luxurieusement les fonctionnaires publics est condamné par les esprits les plus sages, les plus réservés. Dans certains pays, en Angleterre, par exemple, ces fonctionnaires ont leurs domiciles propres et se contentent d'aller au siége de leur administration aux heures où leur présence est nécessaire. Pourquoi n'en serait-il pas de même en France ? Pourquoi la disposition incomplète de la loi de finances de 1871 ne serait-elle pas généralisée et sérieusement appliquée ? Indépendamment des locaux nombreux

qui deviendraient libres et auxquels s'ajoute-
raient les autres parties inocoupées, cette
mesure procurerait à l'État l'économie de
l'entretien des bâtiments, de la fourniture
du mobilier, des frais d'installation, d'é-
clairage, de chauffage et souvent de blan-
chissage.

Certes, personne ne trouvera exorbitant
d'inscrire, pour tout cela, une perte minimum
de 10 millions par an.

Ce qui s'explique plus difficilement encore,
c'est l'espèce d'abandon où sont laissées quel-
ques-unes des propriétés qui ont cessé d'être
ou n'ont jamais été affectées à des services publics. Ces propriétés, très-spacieuses pour la
plupart, servent à loger gratuitement, on ne
sait trop pourquoi, certains particuliers sous
prétexte que ce sont des artistes, des sa-
vants, etc.; quelquefois même elles ne sont
occupées que par des concierges. Il y a là
aussi une perte considérable. Ne l'évaluons
qu'à la moitié de la précédente, soit 5 millions.

Parmi les biens non affectés à des services

publics, il en est qui sont exploités pour le compte de l'État. Ces biens comprennent les fermes-modèles, les colonies agricoles, les établissements de haras, etc., plus certaines propriétés simplement affermées à des particuliers, telles que terres labourables, vignes, prés, moulins, usines, etc. Il est de notoriété que les administrations chargées de l'exploitation de ces établissements et immeubles sont loin d'être organisées et composées de manière à assurer la meilleure gestion et le plus fort rendement possibles. Je me garderai bien d'entrer à cet égard dans des détails qui, étant nécessairement incomplets, risqueraient fort d'être inexacts. Je ne ferai qu'indiquer, en attendant mieux, un bénéfice à réaliser de pareille somme de 5 millions.

D'autres biens, qui seraient également susceptibles d'exploitation, restent dans un complet oubli : ce sont les terrains provenant des retranchements des routes nationales et du retrait artificiel des eaux des fleuves. N'ayant aucune donnée sur l'importance réelle de ces terrains, je ne les estimerai pas à une valeur en rapport avec celle des autres propriétés do-maniales; je leur attribuerai seulement un revenu éventuel de quelques cent mille francs.

J'en dirai autant de toutes les dépendances de l'État qui n'ont pas été spécifiées par M. Parent, et qu'il n'a prévues que d'une ma-nière générale sous le n° 9 de sa nomencla-ture.

Je me contenterai donc de porter, pour ces deux articles, une somme de 500,000 francs.

Nous avons, enfin, les successions en déshé-rence. Réunies aux épaves et biens vacants à un titre quelconque, elles fournissent à grand'peine un million par an. L'exiguïté de cette ressource tient à certains usages qu'il serait aussi facile qu'opportun d'amender, et en particulier à la disposition de l'article 755 du Code civil, qui étend la faculté d'hériter intégralement à tous les parents sans distinc-tion jusques et y compris le 12ᵉ degré.

Nous accepterons néanmoins la modeste somme de 1 million, nous réservant de reve-nir sur la question à propos des droits d'en-registrement.

4.

D'après cet aperçu des biens composant le domaine public, le revenu minimum peut en être établi de la manière suivante :

Dépendances du domaine maritime, quais des fleuves, etc. 10.000.000

Forêts de l'État, en France............. 86.000.000

Forêts de l'Algérie..... .... 90.900.000

Ancien domaine de la couronne......... 0.000.000

Produit des châteaux de Saint-Cloud, Meudon et autres....................... 6.000.000

Vente des joyaux et du mobilier....... 1.500.000

Parties inoccupées ou consacrées au logement de fonctionnaires, dans les immeubles affectés à un service public......... 10.000.000

Immeubles abandonnés à une jouissance gratuite............................... 5.000.008

Biens exploités pour le compte de l'État 5.000.000

Retranchements des routes, retrait des eaux des fleuves et autres dépendances de l'État................................. 500.000

Successions en déshérence............. 1.000 000

Total.......... 171.000.000

Cette somme de 171 millions, toute importante qu'elle soit, ne suffirait évidemment pas pour subvenir au vaste service auquel elle serait destinée. Sans doute, elle pourrait devenir beaucoup plus considérable. Il est constant, en effet, que le domaine public ne rend qu'un revenu bien inférieur à celui qu'il comporte (voir le rapport de l'honorable M. Le Royer). Suivant la judicieuse remarque de M. de Saisy le seul avantage de certains immeubles nationaux consiste, « non pas à être entretenus par les concierges, mais à les entretenir eux-mêmes — aux frais de l'État; de l'État, Messieurs, qui supporte tant de frais du même genre et dont un illustre économiste, Frédéric Bastiat, a dit avec vérité qu'il était la grande fiction à travers laquelle chacun veut vivre aux dépens de tout le monde. «

Ces hommes éminents faisaient pressentir ainsi le développement que prendrait la prospérité du pays avec une meilleure gestion de la chose publique. Un écrivain de 1789, Loustalot, avait même exprimé la pensée qu'un jour les revenus des biens de la nation pourraient s'élever à une somme qui rendrait inutiles à jamais tous les impôts. Sans aller jusque-là, il est du moins permis d'espérer que, si l'on entre résolûment dans la voie des réformes, ils arriveront à un chiffre assez élevé pour satisfaire seuls aux besoins de la Caisse de retraite des ouvriers.

Puisque le domaine public n'a pas été géré jusqu'à présent dans cet esprit de sage prévoyance, il faut bien, pour suppléer à son insuffisance, recourir à la richesse privée qui, elle surtout, est le résultat du travail collectif et doit, à ce titre, contribuer à l'entretien des vieux travailleurs restés prolétaires. Son concours se justifie d'autant mieux qu'elle s'est nécessairement accrue de tout ce qui manque au domaine public pour faire face au service des retraites ouvrières, et qu'il est dès lors très-rationnel de l'appeler à parfaire sur cet accroissement les ressources strictement indispensables.

A cette fin, la partie des produits du travail, qui sert à constituer les fortunes particulières, aura à subir un prélèvement proportionné à son importance. Ainsi que l'a fort bien expliqué l'honorable M. Godin dans son petit livre sur *les Droits du travail* : « N'importe à quelle entreprise le capital se livre dans le domaine de l'industrie (agricole, manufacturière ou commerciale), la première chose qu'il doit faire, c'est de verser au travail le salaire qui fait vivre l'ouvrier. Mais... il est indispensable d'ajouter au principal des salaires une proportion nécessaire en faveur des réserves de prévoyance... Il faut donc que le prix brut de la production supporte ces charges en tout pays, et que les Caisses de réserve pour l'éducation, de secours et de *retraite pour le travailleur* ne restent pas une exception. »

Mais quel mode de prélèvement sera le plus propre à remplir le programme si nettement résumé par M. Godin ? — Sous le régime actuel, je n'en vois pas de plus pratique que celui qui consisterait à ajouter aux impôts existants certaines surtaxes ou centimes additionnels. Il ne faudrait pas songer, bien entendu, à soumettre à cette mesure les contributions indirectes qui, frappant les objets de consommation, atteignent plus gravement le salarié que le capitaliste. Il serait convenable d'en excepter aussi la contribution personnelle et mobilière.

Les surtaxes, pour s'adresser aux seuls bénéficiaires des profits créés par le travail, devraient porter spécialement sur l'impôt des patentes et sur ceux qui s'appliquent aux immeubles.

La contribution des patentes vise les bénéfices de l'industrie manufacturière et commerciale. Ces bénéfices étant, en général, plus grands que ceux provenant de la propriété foncière, il serait juste de les faire subvenir à l'alimentation de la Caisse de retraite en première ligne et dans une plus forte proportion. Leur concours pourrait être fixé à 10 %, par exemple, du montant de l'impôt qui les concerne.

Je sais que les patentes, au point de vue de la répartition, ont donné lieu à de sérieuses critiques. « Il n'y a rien de plus inégal, a fait observer l'honorable M. Tirard, que la perception de cet impôt, » et il serait bien urgent d'aviser aux moyens de la rendre plus conforme à l'équité. Mais je n'ai pas, pour l'objet qui m'occupe, à examiner cette question ; quel que soit le système suivi, le rendement doit tonjours rester le même, et par conséquent le produit de la surtaxe proposée ne peut s'en trouver modifiée. Or, la contribution des patentes fournissant 110 millions en chiffre rond, cette surtaxe rapporterait, dans tous les cas, une somme de 11 millions.

D'un autre côté, les bénéfices accumulés de l'industrie constituent un capital que l'on transforme, quand on ne le laisse pas dans le commerce, en propriétés immobilières ou en titres de rentes. Les revenus que ce capital procure sont pris également sur les produits du travail. Il doit donc pourvoir, comme les bénéfices de l'industrie eux-mêmes, à la garantie de l'existence du travailleur.

Cependant, les revenus des immeubles étant généralement de moindre importance, ainsi qu'il vient d'être dit, je serais d'avis de réduire de moitié le concours à réclamer de ceux qui en jouissent. Il y aurait alors à établir une surtaxe de 5 %, et sur la contribu-

tion foncière, et sur celle des portes et fenêtres. De cette façon, la propriété urbaine, qui
rapporte davantage que celle des terres de
culture, payerait davantage aussi, puisqu'elle
serait atteinte par les deux surtaxes, tandis
que la propriété des terres ou propriété ru-
rale n'aurait à supporter que la seule surtaxe
de la contribution foncière.

Cette dernière contribution est de 170 millions environ, et celle des portes et fenêtres
s'élève à près de 40 millions. La surtaxe de
5 % sur ces deux contributions donnerait
pour la première 8 millions et demi; et pour
la seconde 2 millions.

Le même système de prélèvement ne serait
pas applicable aux capitalistes-rentiers, af-
franchis qu'ils sont des impôts ordinaires. Il
ne serait pas juste pourtant de les dispenser
de toute participation à l'entretien du travailleur; car l'honorable M. de Bonald l'a dit, « le
vrai gage des créanciers de l'État est le travail national. » C'est, en effet, le travail qui,
pour eux comme pour les autres, fournit les
moyens de garantir le payement des reve-

nus ; comme les autres dès lors, ils devraient être astreints à donner leur obole, ne fût-elle que de 1 °/₀. Cette taxe modique, étendue aux diverses rentes sur l'État dont l'ensemble peut être évalué aujourd'hui à 700 millions, produirait une somme de 7 millions.

Je n'ai pas à parler des créances hypothécaires sur particuliers, parce que, l'intérêt payé au créancier diminuant d'autant le revenu de l'immeuble, la taxe que ce créancier aurait à supporter devrait nécessairement donner lieu à une réduction égale dans les surtaxes à fournir par le propriétaire.

Si la fortune acquise au moyen d'une participation plus ou moins directe au travail qui l'a produite est appelée à pourvoir aux retraites ouvrières, à plus forte raison doit-on soumettre à une obligation semblable la fortune obtenue sans participation aucune à ce même travail, c'est-à-dire celle qui provient de transmissions *à titre gratuit* entre vifs ou par décès.

Les transmissions par décès sont frappées aujourd'hui d'un droit de 1 p. 100 en ligne

directe ascendante et descendante (y compris
l'enfant adoptif), de 6 1/2 p. 100 entre les collatéraux des 2e et 3e degrés (frères, oncles et
neveux), de 7 entre ceux du 4e degré (grands-
oncles et petits-neveux, cousins germains), de
8 au delà du 4e degré jusqu'au 12e inclusive-
ment, et de 9 à l'égard des personnes non pa-
rentes et des enfants naturels reconnus. Pour
les libéralités entre vifs ou donations, les
droits sont les mêmes, sauf en ce qui concerne
les parents de la ligne directe, dont la taxe
est un peu plus forte.

Il s'agirait d'accroître la proportionnalité
de ces droits.

Une proposition vous avait été faite dans ce
but par MM. Journault, Carnot, Jozon, Labé-
lonye, Lamy et Rameau. Ces honorables députés vous avaient demandé de modifier le
taux des droits actuels, de manière à en augmenter le rendement d'environ 38 millions.
Leur tarif variait de 1 à 2, 3, 4 francs, etc.,
suivant les degrés, pour les parents de la ligne directe, y compris les enfants naturels
reconnus ; il portait un droit de 7 francs pour

les collatéraux du 2e degré, de 8 francs pour ceux des 3e et 4e, et il élevait en suite ce droit de 1 franc par degré jusqu'au 8e qui se trouvait coté à 12 francs ; enfin, la taxe était de 20 francs pour les autres parents et pour les étrangers.

La Commission chargée d'examiner cette proposition n'a pas cru pouvoir la soutenir auprès de vous. Le rapporteur, M. Robert de Massy, lui reprochait principalement d'édicter des droits exagérés, surtout pour les parents du 9e au 12e degré placés à cet égard sur la même ligne que les étrangers. Il appuyait sa critique sur cette opinion de Duchâtel, qu'un droit ne doit pas être abli de manière à exiger le sacrifice de plus d'une année de revenu,

Cependant les droits relatifs aux mutations à titre gratuit ne sont pas toujours restés renfermés dans une limite aussi étroite. Si, pour se conformer à l'opinion émise par Duchâtel, le plus élevé de ces droits n'a été fixé qu'à 5 p. 100 dans la loi de l'an VII, il ne s'est pas longtemps arrêté à cette proportion, puisqu'on le voit porté à 7 p. 100 en 1816, et à 9 p. 100 en 1832. Évidemment ce dernier droit dépasse le montant d'un revenu annuel ordinaire, et pourtant on n'a pas songé à le repousser comme exagéré.

Alors sur quoi se fonderait-on pour condamner d'une manière absolue toute augmentation nouvelle, qui serait acceptée aujourd'hui par le législateur comme les précédentes l'ont été en leur temps ? Sous quel prétexte prétendrait-on que c'est la loi du 21 avril 1832 qui a comblé la mesure, plutôt que celle du 28 avril 1816 ou celle du 22 frimaire an VII ? Reconnaissons-le, aucun principe n'a présidé, dans le passé, à la détermination des droits à payer, et il importe de chercher enfin à l'asseoir sur des bases moins incertaines.

La règle la plus sûre en cette matière, c'est incontestablement la pensée qui a inspiré les dispositions législatives concernant la dévolution des héritages, et que M. Delsol a rappelée au sujet de sa proposition tendant à modifier les droits de l'époux survivant sur les biens de son conjoint « Le législateur, a dit l'honorable député, en réglant la dévolution des biens après décès, a été guidé par cette double pensée : fortifier la famille et se conformer à l'affection présumée du défunt. — N'est-il pas évident qu'au delà du 16e degré, par exemple, les rapports de parenté n'ont plus ce caractère étroit et intime qui commande au législateur la dévolution totale des biens aux héritiers du sang? »

Dans cet ordre d'idée, la progression des droits de mutation devient facile à déterminer. Il suffit de la modeler sur les sentiments du défunt, présumés d'après la nature de ses rapports de famille. Or, les sentiments de famille qui se manifestent dans toute leur puissance entre les parents des premiers degrés perdent de leur *caractère étroit et intime* au fur et à mesure que la parenté va s'éteignant dans les degrés extrêmes; et plus les héritiers s'écartent de leur auteur, plus ils se trouvent placés en dehors du mobile si moral et si légitime qui a *commandé au législateur la dévolution totale des biens.* Par conséquent, il serait on ne peut plus légal, équitable, rationnel, de proportionner les avantages de cette dévolution à l'état des liens de famille, et à cet effet d'augmenter successivement les droits en raison directe de l'éloignement de la parenté.

C'est ce que les lois fiscales ont commencé elles-mêmes à exécuter, en introduisant une certaine graduation dans les droits imposés aux divers degrés de parenté, et en diminuant ainsi les bénéfices de l'hérédité en proportion de ces degrés. Mais elles n'ont fait qu'une application incomplète de cette règle : elles n'ont pas toujours suivi l'ordre consacré par le Code civil, puisque les frères et sœurs sont traités plus durement que les ascendants, et l'enfant naturel reconnu aussi durement qu'un étranger; elles ont, en outre, arrêté leur graduation aux parents du 5ᵉ degré, de sorte que ceux-ci ne sont pas traités plus favorablement que des parents au 12ᵉ degré.

Sur tous ces points, l'œuvre des précédents législateurs laisse à désirer. Elle n'est nullement conforme au principe de l'affection présumée du défunt, et quand ce ne serait que dans l'intérêt de la justice distributive, elle demanderait à être rectifiée, améliorée.

MM. Journault, Carnot et consorts ont essayé, ainsi que le reconnaît M. de Massy, de « réaliser ce progrès réclamé depuis longtemps. » Excepté l'assimilation qu'ils ont faite entre l'enfant adoptif et l'enfant naturel reconnu, et entre les parents du 9ᵉ au 12ᵉ degré et les étrangers, ils se sont plus rapprochés, dans l'échelonnement de leurs taxes, de la hiérarchie établie par le Code civil : ils ont mieux ménagé la transition de la ligne directe à la ligne collatérale, et ils ont prolongé davantage (jusqu'au 8ᵉ degré) la graduation des droits de mutation.

Voyons maintenant si les nouveaux droits méritent réellement le reproche d'exagération qui leur a été fait.

Le tarif de vos honorables collègues, partant de 1 franc pour la ligne directe et de 7 francs (au lieu de 6 fr. 50 c., différence assez faible) pour la ligne collatérale, s'élevait, nous l'avons dit, de 1 franc environ pour chaque degré de parenté jusqu'au 8°, qui était taxé à 12 francs.

Hé bien ! je le demande, du moment où l'on voulait donner satisfaction à un besoin de réforme incontestable, était-il possible de faire moins, d'augmenter les droits dans une proportion inférieure à 1 franc, de marquer enfin, par une graduation plus faible, la distance qui sépare les divers degrés de parenté ? Si l'on s'était modelé sur l'écart, très-considérable, que présente le tarif actuel dans le premier échelon de la progression qu'il consacre, on aurait obtenu des chiffres autrement importants. D'après ce tarif, en effet, la taxe, qui est fixée à la somme uniforme de 1 franc pour tous les parents de la ligne directe, passe brusquement à 6 fr. 50 c. pour les parents du 2° degré dans la ligne collatérale (frères et sœurs). En présence d'un pareil écart, la graduation de MM. Journault et autres, qui procède par simples augmentations de 1 franc, ne peut que paraître relativement très-modérée.

A partir du 9° degré, il est vrai, leur tarif ne fait plus de distinction entre les parents et les étrangers, et il les soumet tous à la même taxe de 20 francs. Mais ne pourrait-on pas soutenir, avec les auteurs de la proposition et malgré l'opinion différente de leur honorable contradicteur, qu'au delà du 8e degré, les liens de famille sont tellement imperceptibles qu'il serait très-légitime de n'en tenir aucun compte. A une pareille distance, en effet, et sans aller jusqu'au 16e degré comme M. Delsol, il est bien difficile de présumer l'affection du défunt, de supposer des rapports de parenté étroits et intimes, voire de songer à fortifier la famille. On peut même dire que la successibilité de tels parents, qui n'ont jamais été connus de leur auteur, devait lui être, de son vivant, parfaitement indifférente. C'est beaucoup que ces parents-là soient admis à hériter. Que du moins, — sans être assimilés, si l'on veut, aux étrangers proprement dits, — ils aient à supporter un prélèvement d'une importance plus accentuée que celle qui est réclamée des autres parents !

On objecte que ce serait, pour ainsi dire, admettre l'État au partage des successions. —

L'objection n'est pas sérieuse; car il n'y a d'autre différence entre les deux systèmes que la quotité des droits à percevoir, et ce n'est pas cette différence qui peut changer le caractère de l'opération. D'ailleurs, arrivé au 13ᵉ degré, l'État fait mieux que partager, il prend tout. Et dans les autres cas où il se contente de prendre une simple part, il lui serait interdit de la faire un peu plus forte à l'égard des héritiers des degrés extrêmes! Cela ne serait guère logique.

Et puis, on ne saurait le nier, pour ces derniers héritiers, la dévolution des biens n'est pas autre chose qu'une aubaine. Comment, voilà un parent du 12ᵉ degré qui hérite tout comme ceux du 1ᵉʳ, tandis que le parent du 13ᵉ degré, qui est son propre fils, est écarté d'une manière absolue!... Et pourquoi?— Par la seule raison que les rédacteurs du Code, qui auraient fort bien pu s'arrêter au 10ᵉ et même au 8ᵉ degré, ont jugé à propos de comprendre encore, comme dernier successible et sans la moindre restriction, le parent du 12ᵉ degré. C'est pour lui une véritable chance; c'est

comme s'il découvrait un objet sans maître
connu et dont la loi lui garantirait la possession exclusive. Quoi de plus juste que de réclamer de ce favorisé du sort une part propor-
tionnée à l'étendue de sa chance et à l'importance des avantages que la société lui assure.

Je conviens que, pour être exactement cal-
quée sur l'affection présumée du défunt, la
graduation des droits de mutation ne devrait
pas plus s'arrêter au 9ᵉ qu'au 5ᵉ degré, mais
bien se poursuivre jusqu'au 12ᵉ. Ce système
d'échelonnement non interrompu, en même
temps qu'il serait plus conforme aux vrais
principes, ne pourrait que contribuer à augmenter les recettes. Il aurait, en outre, l'a-
vantage, en diminuant d'une manière pro-
gressive et continue la consistance de l'héritage, de faire disparaître ce qu'il y a de trop
brutal et de trop arbitraire dans le passage
sans transition du 12ᵉ degré, qui en est intégralement saisi, au 13ᵉ qui en est exclu intégralement.

Ainsi, quel que soit le point de vue où l'on
se place, le reproche d'exagération fait au

nouveau tarif ne semble nullement fondé. Ce tarif est plutôt resté au-dessous de ce qu'autorisaient tout à la fois et l'esprit et la lettre de la loi. Si l'on appliquait franchement les principes, on obtiendrait certainement des ressources bien supérieures à celles indiquées dans les évaluations de vos honorables collègues. Je n'ai donc pas à hésiter pour adopter leur propre chiffre, et c'est en toute assurance que je maintiens la somme entière de 38 millions.

En dehors de ces taxes nouvelles proposées sur les transmissions à titre gratuit, MM. Parent et Folliet vous avaient présenté un projet de loi devant avoir pour résultat un autre accroissement de recettes à provenir de la même source. Ce projet tendait à changer le mode d'appréciation de la valeur des propriétés pour la liquidation et le payement du droit proportionnel.

Aux termes de l'article 15 de la loi de l'an VII, cette valeur, qui sert de base à la fixation du droit à payer, est déterminée « par l'évaluation qui sera faite et portée à vingt fois le produit des biens ou le prix des baux courants, sans distraction des charges. »

Ce mode d'appréciation n'est pas sans inconvénient. Le capital, ainsi formé par l'accumulation d'un revenu essentiellement variable et incertain, ne peut être que fictif et sujet à contestation. Le plus souvent, il ne représente pas la valeur vénale de l'immeuble.

Deux propriétés de 100,000 francs chacune rapportent l'une 2 1/2 p. 100, l'autre 5 p. 100. La première ne sera cotée que sur un capital de 50,000 francs et ne payera que la moitié des droits de la seconde, bien qu'elle ait exactement la même valeur vénale. C'est bien pis s'il s'agit d'une propriété de luxe, dont le revenu soit nul ou à peu près; celle-ci n'aura à supporter qu'une taxe insignifiante eu'égard à son prix réel. Au contraire, font observer encore les auteurs de la proposition, « la petite propriété, cultivée directement par le propriétaire et sa famille, est exposée à être atteinte d'autant plus fortement par l'impôt qu'elle produit un revenu plus élevé, grâce au travail et aux soins. »

MM. Parent et Folliet ont voulu faire disparaître ces inégalités et, du même coup, les pertes qui en sont la suite pour le Trésor. C'est dans ce but qu'ils ont demandé que la valeur vénale (ou le prix exprimé) devînt la base unique de liquidation pour les donations et successions, ainsi d'ailleurs qu'elle l'est déjà pour les transmissions à titre onéreux. D'après leurs calculs, cette substitution de la valeur vénale à l'évaluation par le revenu devait accroître les recettes de 10 à 15 millions, peut-être même élever cet accroissement à 25 millions. Et encore, ils avaient excepté de la mesure les libéralités en ligne directe.

Arrêtons-nous au chiffre moyen des recettes qu'ils ont prévues, soit 15 millions, et résumons les articles relatifs aux nouveaux droits à prélever sur l'avoir des particuliers :

Surtaxe de la contribution des patentes.	11.000.000
— de la contribution foncière.....	8.500.000
— de celle des portes et fenêtres..	2.000.000
Taxe des rentes sur l'État.............	7.000.000
Augmentation des droits perçus pour	
A reporter........	28.500.000

Report........ 28.500.000

transmissions à titre gratuit............. 38.000:000

Substitution, pour la liquidation de ces droits, de la valeur vénale des propriétés à leur évaluation d'après le revenu......... 15.000.000

Total 81.500.000

Il ne faudrait pas voir dans le versement de cette somme par les diverses classes de possesseurs, un sacrifice purement gratuit de leur part. Ils y trouveraient tout à la fois sécurité et profit : — *Sécurité*, car la garantie d'existence acquise aux ouvriers diminuerait notablement, si elle ne les supprimait tout à fait, les chances d'agitation, de grèves, de révoltes, de méfaits de toute nature, qui compromettent autant les intérêts de l'industrie et du capital que ceux du travail ; — *Profit*, car le temps étant mieux employé et l'ouvrage plus consciensement exécuté par des hommes tranquilles sur leur avenir, les produits augmenteraient en quantité et en qualité, et par suite les bénéfices et les revenus seraient plus certains et plus considérables.

Les taxes fournies dans ces conditions seraient donc de l'argent bien placé; elles formeraient une sorte de prime d'assurance contre les sinistres sociaux tant intérieurs qu'extérieurs, et j'ose croire que, si l'établissement en était mis à l'ordre du jour, il ne rencontrerait en principe aucune opposition. Quand des décimes de guerre, bien autrement lourds, ont été imposés pour réparer les désastres de sanglantes aventures, on s'y est toujours soumis avec résignation. Comment hésiterait-on à accepter également ceux dont le but serait de faire vivre les hommes au lieu de les faire tuer, et qui pourraient à juste titre être appelés les décimes de paix !

Les sentiments de justice et d'humanité qui animent tous les honnêtes gens se joignent ici à l'intérêt bien entendu pour leur rendre facile le sacrifice qui leur serait demandé. Voyez les généreux efforts qu'ils ne cessent de faire, soit pour trouver des solutions, soit pour créer des institutions de nature à prévenir les misères qui attendent l'ouvrier ou le commis hors d'état de travailler. Déjà quelques grandes compagnies ont consenti à réserver des fonds sur leurs bénéfices pour faire des pensions à leurs anciens employés. Cette louable pratique, qui tend à se répandre de plus en plus et montre si bien le bon vouloir des honnêtes gens, vous n'auriez, Messieurs, qu'à la généraliser, en en faisant l'objet d'une disposition légale.

Les nouvelles taxes que j'ai indiquées dans cette prévision n'ont assurément rien d'excessif, et si je ne les ai pas portées à un chiffre plus élevé, c'est que le budget de l'État prévoit bien des dépenses qui pourraient être supprimées ou diminuées au grand avantage des administrés, et dont le montant viendrait en augmentation des ressources de la Caisse de retraite.

Ces dépenses, inutiles à des degrés divers, vous ont été signalées par vos honorables collègues, Messieurs les Députés, par des personnages dont vous connaissez les capacités administratives, les excellentes intentions, ainsi que l'esprit essentiellement conservateur. Ils ont développé devant vous les notables réductions qu'elles leur semblaient comporter ; mais il ne vous a pas paru alors opportun d'accueillir la plupart des propositions qu'ils vous avaient soumises à cet égard. Permettez-moi de les rappeler à votre bienveillant souvenir, en vous priant de ne pas perdre de vue le nouveau but dans lequel je les reproduis,

Dès l'année 1871, vous aviez nommé une Commission de révision des services administratifs, chargée d'examiner les réformes qu'il serait possible d'y introduire en vue de réaliser toutes les économies compatibles avec une bonne gestion des affaires publiques. M. Paul Jozon, l'un des rapporteurs de cette Commission, a exprimé la pensée que, dans une administration composée, par exemple, de 300 employés travaillant quatre heures et demie par jour, on peut n'en avoir que 200 travaillant sept heures, et augmenter le traitement de ces derniers des deux tiers des fonds devenus disponibles par suite de la suppression des 100 autres employés. De cette façon, le tiers du traitement du tiers des employés, ou le neuvième de l'ensemble des traitements, resterait comme économie nette au Trésor public. Or, les fonds inscrits pour ces dépenses aux budgets des différents ministères et administrations centrales s'élèvent à près de 14 millions, dont le neuvième à retrancher serait d'environ 1 million 550,000 francs.

Ce n'est pas tout. » S'il y a un tiers en moins d'employés, ajoute l'honorable rapporteur, il y aura un tiers en moins de frais d'éclairage, de chauffage, de garçons de bureau, » et aussi de mobilier, de lingerie et autres articles du matériel. Ces frais étant souvent confondus avec d'autres dans les budgets, je les ai évalués approximativement à 3 millions, ce qui donnerait pour le tiers à déduire, conformément aux conclusions du rapport, une somme de 1 million.

Dans la supputation des traitements du personnel des administrations centrales, je n'ai pas compris ceux des chefs supérieurs, parce qu'ils ont fait l'objet de propositions spéciales présentées par MM. Prax-Paris, Hervé de Saisy, de Janzé, etc. D'après celle

de M. Prax-Paris, portant aussi la signature de
MM. Des Rotours, Jules Brame et Blin de Bour-
don, les fonctionnaires publics devaient subir
une réduction de moitié sur la portion de leurs
traitements dépassant 10,000 francs, saus que
ces traitements pussent en aucun cas excéder
20,000 francs. M. de Saisy voulait faire ni-
veler tous les gros traitements et réduire les
moyens dans une proportion équitable. Enfin
M le baron de Janzé demandait que les titres
de sous-secrétaires d'État, directeurs généraux et sous-directeurs fussent abolis, n'ad-
mettant dans chaque ministère qu'un secrétaire général avec un traitement de 18,000 fr.,
et au-dessous de lui des chefs de division et
de bureau dout les traitements étaient réglés
en proportion. Ces propositions générales,
sans préjudices des réformes applicables à
certaines fonctions en particulier, auraient
abouti à une économie de plus de 1 million et
demi.

En somme, les diverses réductions ci-dessus se seraient élevées à 4 millions 50 mille
francs.

Indépendamment de ces économies d'ensemble, il vous en a été proposé d'autres qui sont spéciales à chaque département ministériel.

Vient en première ligne le ministère de la justice.

Dans la discussion du budget de ce ministère pour l'exercice 1873, M. le baron de Jouvenel a fait remarquer qu'il y a en France 359 tribunaux de 1re instance divisés en six classes; qu'un grand nombre de ces tribunaux, surtout parmi ceux de la 6e classe, n'ont pas 50 procès à juger par an; et que la plupart des magistrats qui la composent ont une tâche qui ne leur impose que quelques heures de travail par semaine. Il vous a proposé, en conséquence, de décider que : « Le crédit affecté aux tribunaux de 1re instance sera diminué de 3,500,000 francs pour la suppression de 175 tribunaux de 6e et de 5e classe. »

Les cours d'appel, qui sont au nombre de 26, ont été, de la part du même député, l'objet d'une proposition analogue. Il a soutenu que

10 cours peuvent être supprimées sans placer les justiciables dans la nécessité de dépenser aujourd'hui un temps égal à celui qu'il fallait autrefois pour se rendre aux tribunaux d'appel, et il vous a soumis à ce sujet un amendement ainsi conçu : « Le crédit ouvert au ministère de la justice pour l'entretien de 26 cours d'appel sera diminué de 2,093,180 francs (au moyen de la suppression de 10 cours de 3e classe sur les 21 existantes). »

Ces deux diminutions forment un total de 5 millions 593 mille francs.

Le budget du ministère des affaires étrangères a provoqué de non moins sérieuses réclamations en ce qui concerne principalement le corps diplomatique. Pour en rendre compte, je ne puis mieux faire que de citer les paroles de quelques-uns de vos honorables collègues.

Dans la séance du 7 décembre 1872, M. Dépasse s'est exprimé ainsi : « Aucune diminution n'a été faite sur les traitements de la haute diplomatie, et nous pouvons compter autant d'emplois (qu'autrefois), je ne dirai pas inutiles, mais que des hommes très-sérieux, qui alors n'étaient pas ministres, appelaient avec moi des postes de faveur, voire même des sinécures... Nous avons donc pensé qu'il était à propos de reprendre les choses au point où elles en étaient avant l'Empire, et, puisque nous sommes en République, d'en revenir à la simplicité républicaine... En 1851, le service diplomatique coûtait à la France 7,069,700. fr. En 1873, il est demandé pour le même service 11,998,500 francs; la différence en plus est donc de 4,928,500 francs. — On a créé vingt-cinq nouveaux consulats dont les traitements s'élèvent à 755,000 francs ; déduisant cette somme de celle ci-dessus, resterait 4,173,500 francs d'augmentation. »

M. Hervé de Saisy était allé plus loin l'année précédente ; il s'était prononcé pour la suppression même des ambassadeurs : « Je demande à la France, lit-on dans l'exposé des motifs de sa proposition relative à la fixation d'un maximum de traitement, de n'avoir plus pour la représenter que des ministres plénipotentiaires et des chargés d'affaires, comme la grande République des États-Unis...

Quand cette République,... si riche, si active, si prospère, entretient avec de modestes agents ses relations diplomatiques et se fait respecter du monde entier, irions-nous chercher ailleurs, et dans notre passé même, un autre exemple, d'autres traditions... Du reste, Messieurs, vous savez tous ce que coûte ce haut personnel; mais la France, surprise il y a un an sans armes,... ne vous crie-t-elle pas assez haut ce qu'il rapporte... Revenons à l'économie, à la simplicité, à l'austérité même qui doivent être le salut des sages républiques comme elles sont les vertus et la sauvegarde de plusieurs monarchies... »

M. de Jouvenel a dit encore sur le même sujet : « Ce qui me paraît important, à moi, c'est qu'à l'heure où nous sommes, nos représentants à l'étranger doivent surtout avoir une attitude de noble simplicité, exempte de faste extérieur... Et cette attitude, Messieurs! elle doit particulièrement convenir à la forme de gouvernement sous lequel nous vivons. »

Ces puissantes considérations justifient pleinement les réductions proposées alors sur les crédits affectés au service diplomatique, réductions qui se seraient élevées à environ 4 millions.

Les amendements présentés sur le budget du ministère de l'intérieur sont beaucoup plus importants au point de vue des économies à réaliser. Ils avaient pour objet : la diminution des traitements des préfets et autres traitements exagérés, la suppression des secrétaires généraux de préfecture de 3e classe, celle de tous les conseils de préfecture, la suppression ou la réduction notable des sous-préfectures, la réforme d'un grand nombre de sinécures, doubles emplois, etc.

L'abolition des sinécures et autres fonctions absolument inutiles n'a pas besoin d'être justifiée : ces positions n'auraient jamais dû exister.

Pour motiver la réduction des traitements des préfets, qui devraient être ramenés à 25, 20 et 16 mille francs, suivant les classes, M. Hervé de Saisy disait : Ces fonctionnaires « savent que la République de 1848 n'atteignait pas à ce chiffre, qui est celui des revenus de la portion la plus riche de la population de chaque département, et qui excède le traitement du chef d'un État de 2,700,000 habitants, la Suisse... Vous n'aurez de force durable à l'intérieur, ajoutait-il, que lorsque vous aurez, — partout où ils manquent, — des administrateurs véritables, attachés à leurs fonctions, capables de les remplir, esclaves de leurs fonctions, et non des hommes qui, selon moi, visent plutôt à courtiser le pouvoir pour la satisfaction qu'il peut donner à leur ambition qu'à se dévouer au bien du pays, » c'est-à-dire qui ne sont dirigés que par l'appât des gros émoluments.

Voici maintenant la pensée exprimée par M. Anisson-Duperron au sujet de la réforme relative aux secrétaires généraux : « Je crois qu'on peut opérer cette réforme sans inconvénient. Les chefs-lieux des préfectures de 3ᵉ classe sont pour la plupart des villes peu importantes, comme Gap, Tulle, Guéret; le préfet peut parfaitement suffire à la besogne, et je crois que vous pourriez voter cette suppression aujourd'hui sans désorganiser aucun service. »

À l'appui de la suppression des conseils de préfecture demandée par M. Raudot, je me bornerai à extraire du rapport de M. Amédée Lefèvre-Pontalis les passages suivants : « Dans l'état actuel, les conseillers de préfecture sont, dans la plupart des départements, fort peu occupés. Si, dans certaines villes, ils ont un travail suffisant, dans d'autres, ils tiennent une audience contentieuse tous les quinze jours, une audience administrative dans l'autre quinzaine. » Du reste, « les attributions (administratives) des conseils de préfecture ne suffisent pas pour justifier leur existence. » — « Quant à leurs attributions contentieuses, il y a nécessité de les supprimer. »

Enfin, à l'égard de la proposition de MM. Théry, Louis de Saint-Pierre, Savary et autres, tendant à la suppression des sous-préfectures, le rapporteur a reconnu que les sous-préfets ne sont, dans l'administration départementale, que des agents de transmission ; qu'ils n'ont pas d'attributions spéciales ou, tout au moins, n'en ont que d'insignifiantes ; qu'ils ne sont que les organes du préfet et ses intermédiaires auprès des maires et des populations. — Or, a fait remarquer M. Paulin Gillon, « il y a, dans chaque département, un arrondissement qui n'en a pas, c'est l'arrondissement. chef-lieu du département... Cet arrondissement se passe de sous-préfet complétement... Qu'arrive-t-il ?... l'administration communale (pour ses affaires) compose son dossier d'une manière complète, et elle l'adresse directement au préfet. Pourquoi les communes des autres arrondissements ne feraient-elles pas exactement ce que font celles de l'arrondissement chef-lieu? Je n'y vois point de difficulté. » Et où serait, en effet, la difficulté aujourd'hui surtout que, par suite du perfectionnement des moyens de communication, les relations des communes les plus éloignées avec la préfecture sont vingt fois plus commodes qu'elles ne l'étaient autrefois avec la sous-préfecture?

Il faut, du reste, que l'abus des fonctions inutiles et des gros traitements, signalé déjà sous les précédents régimes, se soit considérablement accru depuis quelques années, puisque, suivant les indications de M. Anisson-Duperron, le budget de l'intérieur, qui en 1864 était de 51,800,000 francs seulement, est monté successivement à 60,000,000 en 1869 et à 85,000,000 en 1873. Il n'y aurait donc rien d'extraordinaire à demander que, sous la forme actuelle du gouvernement, ce budget soit ramené tout au moins au chiffre des dernières années de l'Empire (60 millions). L'accomplissement des réformes dont il vient d'être parlé en fournirait les moyens, et l'on pourrait obtenir ainsi une économie de 25 millions. Mais M. Raudot s'étant arrêté à 23 millions dans ses amendements sur les crédits demandés pour l'exercice 1872, nous ne porterons que cette dernière somme.

La discussion du budget du ministère des finances pour 1873 a fourni à M. Hervé de Saisy l'occasion d'appeler votre attention sur un fait grave : le chiffre énorme des bénéfices réalisés par les trésoriers-payeurs généraux et les receveurs particuliers. Les trésoriers généraux, par exemple, retirent, bon an mal an, 80,000 francs de leur traitement fixe com-

biné avec le maniement des fonds de l'Etat.
On reproche également aux autres fonctionnaires de ce service de toucher des émoluments qui, bien que moins considérables, sont
encore excessifs.

Deux propositions vous ont été soumises
successivement dans le but d'arriver à la
réorganisation de la trésorerie : la première,
présentée par MM. Rive, Christophe, de Marcère et Flotard, devait donner une économie
de 5,700,000 francs ; la seconde, émanant de
M. Saisy lui-même, portait l'économie à près
de 7,000,000. C'est à ce dernier chiffre que
nous nous tiendrons. Il est d'autant moins
téméraire de l'adopter que M. Raudot, dans
l'un de ses amendements, l'avait élevé jusqu'à
10,000,000.

Les crédits affectés au personnel de la Cour
des comptes ont été aussi l'objet de plusieurs
critiques. D'une part, M. Foubert a proposé de
supprimer,—le considérant comme une énor-
mité, — celui de 438,000 francs attribué aux
34 conseillers référendaires de 1re et 2e classe
et aux 15 auditeurs, en dehors de leurs ap-

pointements et à titre de préciput et de récompense. D'autre part, M. Guichard a produit un amendement par lequel il réduisait à 18, 16 et 6 mille francs les traitements du personnel qui sont de 25, 18 et 7 mille francs (cet amendement comprenait, en outre, la réduction de traitements de 3,000 fr. à 2,500 fr.; on me permettra de ne pas en tenir compte); il obtenait ainsi une réduction nette de 83,000 francs.

Il résulterait de ces deux réformes un boni de 521,000 francs, ce qui porterait l'économie totale pour le service des finances à 7 millions 521 mille francs.

Avant de quitter ce service, je rappellerai ce que M. Ch. Rolland a si bien qualifié de plaie financière de l'administration des postes. Il s'agit de l'emploi qu'on fait des magnifiques paquebots transatlantiques et méditerranéens pour le transport des dépêches et de leurs accessoires, et dont le rendement serait à peu près insignifiant en comparaison des sacrifices.

« Depuis dix à douze ans, en effet, vous

a dit l'honorable député, selon la teneur de décrets impériaux ou de décisions législatives dont les conséquences subsisteront, au moins partiellement, quinze ou seize années encore (séance du 21 juin 1872), le budget postal a été chargé de subventions pouvant se chiffrer en moyenne annuelle à 24,000,000 de francs... Nous voulons repousser tout soupçon de faveurs sciemment accordées à certaines entreprises ; mais.... d'ici à quelques années, les Assemblées législatives seront conviées à décider s'il faut abandonner à elle-même l'œuvre inaugurée ou la soutenir par une nouvelle allocation de subsides... Nous tenons pour certain, vu l'expérience faite, que plusieurs millions devront être économisés sans aucun inconvénient. »

On conviendra que ces millions seraient beaucoup mieux placés dans la Caisse de retraite des ouvriers. Cependant, comme ils pourraient aussi être très-utilement employés dans l'intérêt des facteurs, pour améliorer leurs traitements et leurs pensions dont l'insuffisance est notoire, je m'abstiendrai, sous cette réserve, de les compter au nombre des fonds réalisables au profit de cette Caisse.

Un certain nombre d'observations se sont également produites sur les crédits alloués au ministre de la guerre. Je citerai celles de M. Jean Brunet sur les dépenses générales des états-majors; celles de M Tirard sur les transports généraux; celles de MM. Cochery, Farcy et autres sur la simplification des uniformes; enfin, celles de M. Raudot qui portaient sur les diverses parties de l'organisation militaire et qui devaient aboutir à une économie de 122 millions.

Cette économie serait séduisante, sans doute, mais n'étant pas en position de l'apprécier dans ses rapports avec les besoins de la dépense nationale, je ne me permettrai pas de l'inscrire parmi les ressources pouvant sans inconvénient devenir disponibles.

Je m'arrêterai seulement aux observations de M. Farcy sur la simplification des uniformes, dont la nécessité est généralement reconnue.

L'honorable député, parlant incidemment

du budget de la guerre, a fait remarquer que, s'il avait existé assez de temps entre la distribution des rapports et la discussion, pour permettre d'étudier ce budget en détail, » on aurait probablement pu trouver qu'en habillant toutes les troupes avec le vêtement qui coûte le moins cher, et en désignant les corps avec des bandes et des parements, en supprimant le schako et les épaulettes inutiles, on obtiendrait une économie de 7 millions environ. » Cette réforme serait d'autant plus désirable que ce n'est pas la coquetterie du costume qui fait la bravoure et donne la victoire.

M. Farcy a indiqué en même temps plusieurs réformes à apporter dans le budget du ministère de la marine et des colonies. Estimant qu'il était opportun de réduire le personnel des équipages et le matériel, il a dit en substance : — 1° « qu'en ramenant l'effectif des équipages à terre à ce qu'il était en 1868 avec 167 navires armés, alors que nous n'en avons plus que 94 (décembre 1872), on réaliserait sur la solde et les vivres 2 millions environ d'économie ; » — 2° que, « si au lieu de contre-amiraux (il s'agit de cinq chefs de station), on mettait des capitaines de vaisseau comme sous la République de 1848, l'économie serait, en les embarquant sur une corvette à batterie barbette, de 1.216,890 francs, » laquelle économie, en y ajoutant d'autres réductions également proposées par M. Farcy, s'élèverait à plus de 1 million et demi : — 3° que, « si on faisait observer strictement le règlement qui recommande de ne naviguer à la vapeur que dans des cas indispensables, on réaliserait certainement près de 2 millions d'économie de charbons. Nous consommons, d'après le même député, 20 % de plus que la marine anglaise avec un tiers de navires de moins. »

Ce serait donc sur l'ensemble du budget de ce ministère une économie de 5 millions et demi. Nous nous arrêterons à cette économie, bien que l'honorable M. Raudot ait cru pouvoir en proposer d'autres qui devaient s'élever à 19 millions.

M. Raudot avait, en outre, demandé sur les crédits du ministère de l'instruction publique, des cultes et des beaux-arts, diverses réduc-

tions plus ou moins importantes. Ces réductions, pour les cultes, montaient à 7,000,000.
Celles relatives à l'instruction publique étaient
plus limitées; et, naturellement, elles n'attei-
gnaient pas l'instruction primaire. Je dirai
mieux, c'est que l'instruction primaire, n'é-
tant pas encore suffisamment dotée aux yeux
même des personnes les plus réservées en fait
de réformes, devrait, au contraire, profiter
des diminutions obtenues sur les autres articles; de telle sorte qu'en fin de compte, il n'y
aurait que fort peu de chose à retirer des crédits affectés à l'enseignement.

Mais le budget des beaux-arts a donné lieu
à une réclamation qui se recommande par son
caractère d'incontestable et souveraine justice; c'est celle que M. Boreau-Lajanadie et
ensuite M. de Belcastel ont exposée au sujet
des subventions accordées aux théâtres. « Au
point de vue de l'équité, a dit ce dernier député, il est injuste qu'un spectacle où l'immense majorité des contribuables ne met pas
les pieds soit subventionné par le Trésor national... Prendre l'obole dans les mains du

—paysan et la jeter à la tête d'un ténor ou aux pieds d'une danseuse qu'il ne verra jamais, et je l'en félicite... cela répugne absolument. »

Ce raisonnement, si parfaitement vrai, pourrait sans doute s'appliquer à bien d'autres dépenses prévues au budget de l'État; mais renfermons-nous pour le moment dans les crédits affectés au service des théâtres...

A quoi servent en réalité ces crédits?... A doter grassement des réputations plus ou moins surfaites, dues pour la plupart, surtout lorsqu'il s'agit de femmes, à de misérables coteries formées par quelques désœuvrés d'un certain monde!... A satisfaire les exigences outrecuidantes de sujets qui, lancés par ces malsaines cabales, en profitent encore pour poser et s'imposer devant un public de ramollis. Je n'ai, certes, pas la prétention de m'ériger ici en censeur; je respecte trop pour cela la liberté chez les autres. Mais ce que je demande, ce que j'ai le droit de demander avec l'honorable M. de Belcastel, c'est que les souteneurs intéressés d'un état de choses aussi dispendieux aient la pudeur d'en couvrir eux-mêmes les frais de leurs deniers, et de ne pas le faire payer par les paysans et tous les contribuables qui n'ont ni la pensée, ni l'occasion, ni les moyens d'en user et d'en jouir.

L'observation si judicieuse qui m'a inspiré ces réflexions semblerait devoir entraîner la suppression complète des subventions théâtrales montant à 1,500,000 francs. M. de Belcastel n'a pas cru pouvoir aller jusque-là : il n'a conclu qu'à une réduction de 700,000 francs.

Afin de me conformer à la réserve de vos honorables collègues, je ne prendrai pas toutes les diminutions pouvant résulter de la situation qui vient d'être exposée. Je ne compterai pour les trois services de l'instruction publique, des cultes et des beaux-arts que les deux sommes relevées d'après eux, c'est-à-dire 7 millions 700 mille francs.

A l'égard du ministère de l'agriculture et et du commerce, M. Auguste Boullier, parlant au nom de la commission de révision des services administratifs, a posé la question de la réunion de ce ministère à celui des travaux publics. « A leur réunion, a dit l'honorable rapporteur, où trouve une économie considérable. Avec un ministère de moins, il y a un cabinet de moins, un secrétaire général de moins, un chef de comptabilité de moins. Il faut moins de gens de service, de locaux et de matériel. La diminution dans les dépenses ne serait pas inférieure à 200,000 francs. »

Enfin, le budget du ministère des travaux publics a été, de la part de M. le baron de Jouvenel, l'objet de sérieuses critiques.

Au sujet du personnel des ponts et chaussées, l'honorable député s'est exprimé ainsi : « Aujourd'hui les ingénieurs de l'État n'ont plus de travaux neufs à faire ; le rôle qu'ils avaient dans la viabilité des routes nationales est joué aujourd'hui par les ingénieurs des chemins de fer, dépendant de l'industrie privée ; les routes départementales et les chemins de grande communication sont, en grande partie, sous la direction des agents voyers. Les ingénieurs sont réduits aux modestes fonctions de surveillants des travaux d'entretien exécutés sur les routes nationales. C'est là une tâche indigne de leur haute capacité. J'en ai consulté plus de quarante qui m'ont dit : « Nous n'avons pas deux heures de travail par semaine. » En conséquence, il a demandé, sur le crédit du chapitre qui les concerne, une réduction des deux tiers, soit 2,575,333 francs.

Par les mêmes motifs, M. de Jouvenel a proposé de réduire également des deux tiers la somme affectée au personnel des sous-ingénieurs et des conducteurs des ponts et chaussées, et de faire ainsi une nouvelle économie de 2,556,666 francs.

« Dans les mines, a-t-il ajouté en citant l'écrit d'un inspecteur général, la superfétation est encore plus grande que dans les ponts et chaussées; car, depuis l'origine, on est en quête d'attributions pour les membres de ce corps composé d'hommes très-distingués, et jusqu'à présent, on n'a rien trouvé à leur faire faire. » M. de Jouvenel en a conclu que la dépense du personnel du corps des mines pouvait aussi subir une réduction des deux tiers, laquelle était évaluée à une somme de 526,700 francs.

Ces trois articles représentent ensemble une somme de 5 millions 658 mille francs.

En résumé, les réductions proposées par les hommes les plus compétents sur les crédits ouverts aux budgets des différents services administratifs donnent les résultats suivants :

Administrations en général............		4.050.000
Ministère de la justice...................		5.593.000
—	des affaires étrangères......	4.000.000
—	de l'intérieur	23.000.000
—	des finances................	7.521.000
—	dé la guerre.................	7.000.000
—	de la marine et des colonies..	5.500,000
—	de l'instruction publique, des cultes et des beaux-arts,..	7.700.000
—	de l'agriculture et du commerce...................	200.000
—	des travaux publics.........	5.658.000
	Total............	70.222.000

Il n'est pas inutile de constater que, pour obtenir ce total, je me suis toujours borné à prendre les sommes portées dans les propositions mêmes de vos collègues ; que je me suis

abstenu de relever les réformes proposées
sans désignation des économies à en provenir;
que, de plus, en dehors de ces propositions,
j'ai évité avec soin d'en formuler aucune de
mon chef, lors même que l'opportunité aurait
pu en paraître évidente. De cette manière, on
est fondé à espérer qu'une amélioration plus
complète des services publics permettrait de
tirer des ressources encore plus étendues du
budget de l'État.

Il me reste, Messieurs les Députés, à vous
entretenir d'une réforme capitale, dont les résultats économiques seraient considérables;
c'est celle de l'impôt.

Tout le monde est d'accord sur ce point que
notre système fiscal est beaucoup trop com-
pliqué, qu'il exige l'emploi d'un personnel
excessif et qu'il occasionne des frais hors de
proportion avec le rendement. Par l'immense
quantité des matières sur lesquelles il se dis-
sémine, l'impôt actuel nécessite l'existence
de nombreuses administrations et régies qui

en rendent la perception exorbitamment coû-
teuse.

« Sous ses diverses formes, a écrit M. Émile
de Girardin en 1851, il produit en total, y
compris les revenus divers, 1,382,663,416 fr.
et coûte à prélever 149,370,473 francs, et si
l'on y comprend le service général et les remboursements et restitutions, 258,288,267 fr.
— Un régime fiscal qui laisse subsister entre
le *brut* et le *net* un écart de 258 millions sur
1,382,000,000 est un régime souverainement
condamné. »

Il est donc urgent d'aviser à simplifier ce
régime, qui absorbe en frais près du cinquième
de ce qu'il produit. Comme l'a dit M. Droz,
cité par le même auteur, « les impôts qui de-
mandent des frais de perception considérables, ceux qu'on ne peut faire rentrer sans le
secours d'une armée de commis sont accom-
pagnés d'une surcharge qui nuit aux dépenses privées et ne sert point aux dépenses publiques. »

Bien des études ont été faites dans le but
d'arriver à simplifier notre système d'impôts,

à remplacer même tous ceux qui existent par un impôt unique, soit sur le revenu, soit sur le capital.

Lorsque vous avez eu à trouver des ressources pour faire face aux lourdes charges créées par les malheureux événements de 1870 et 1871, divers genres d'impôts sur les revenus vous ont été proposés par plusieurs de vos collègues, tels que MM. Flotard, Langlois, Hèvre et Bamberger. Ce système est préconisé par un certain nombre d'économistes.

D'autres donnent la préférence à l'impôt sur le capital. M. de Girardin particulièrement lui attribue l'avantage d'être plus équitable, de pouvoir se transformer en prime d'assurance et d'arriver à devenir volontaire. Il pense que « 1 p. 100 de frais de perception suffirait à *l'impôt - assurance*; c'est-à-dire qu'un milliard *brut* à recouvrer produirait neuf cent quatre-vingt-dix millions *net*. — N'y eût-il, ajoute l'éminent écrivain, que la différence entre 1 et 10, entre 10 millions et 100 millions, cela ne pèserait-il pas dans la balance de la consommation et de la production? Est-il donc indifférent au travailleur d'échapper ou non au poids de cette *avance* de 258 millions de frais de perception? »

Je ne discuterai pas le mérite respectif de ces deux systèmes; je ne m'en occupe ici qu'au point de vue de la diminution des frais. Sous ce rapport, c'est l'impôt sur le capital qui semblerait le plus propre à atteindre ce but; car, incontestablement, l'assiette en serait plus facile et la rentrée moins onéreuse.

Cependant, je n'irai pas aussi loin que M. de Girardin. Pour obtenir l'énorme réduction qu'il indique, il faudrait commencer par faire accepter de tous son système d'impôt *volontaire,* et je ne pense pas que nos mœurs routinières, malgré l'appât de l'*assurance,* se prêteraient facilement à une transformation aussi radicale.

L'essentiel à mes yeux, c'est de se rapprocher le plus possible de l'unité de l'impôt, quel qu'il soit; et si alors il était nécessaire de maintenir certains services pour rappeler leurs devoirs aux contribuables en retard, ces services se trouveraient du moins simplifiés

8.

dans la proportion de l'impôt lui-même, et n'occasionneraient que des dépenses relativement modiques. Sans être réduites des neuf dixièmes, on peut affirmer que ces dépenses ne s'élèveraient pas au tiers du chiffre actuel.

Dans le budget de 1874, où les recettes sont évaluées à 2 milliards 533 millions, les frais de régie, de perception, les remboursements, etc., sont portés pour 261 millions, et, en y comprenant le service général, pour 282 millions : ils dépassent par conséquent 10 p. 100 des recettes. Le nouveau système, avons-nous dit, réduirait cette proportion de plus des deux tiers; mais, pour tenir compte des suppressions, — toutes minimes qu'elles soient, — déjà réclamées sur les traitements du personnel, supposons que les frais de perception absorbent encore 5 p. 100 du produit brut. Ces frais ne seraient plus alors que de 126 millions au lieu de 282, et nous aurions une économie de 156 millions.

Je termine ici l'énumération des ressources de toute nature qui me semblent pouvoir être affectées, dans un temps plus ou moins rap-

proché, à la Caisse de retraite des ouvriers.
En voici maintenant la récapitulation générale :

Revenus du domaine public............ 171.000.000
Droits à prélever sur la richesse privée. 81.500.000
Économies réalisables sur les dépenses
de l'État................................. 70.222.000
Réduction des frais de perception de
l'impôt................................... 156.000.000
Total général.......... 478.722.000

Vous aurez remarqué, Messieurs les Députés, que, dans l'évaluation de chacune des
ressources qui composent mon total général,
j'ai eu grand soin de me tenir au-dessous du
chiffre le plus élevé. J'ai voulu laisser assez
de marge à l'éventualité des augmentations
pour que, même dans l'hypothèse de quelque
rectification en moins, ce total ne fût exposé
à aucun retranchement. J'espère l'avoir mis
ainsi à l'abri de toute contestation.

La somme de 478 millions 722 mille francs
ou de 480 millions, en chiffre rond, permet-

tra, quand elle sera réunie, d'accorder une pension moyenne de 400 francs à 1 million 200 mille ouvriers et ouvrières. Ce nombre de 1,200 mille est important déjà ; mais une étude statistique sera nécessaire pour vérifier s'il comprend bien tous les travailleurs réunissant les conditions de la retraite. En attendant, je ferai remarquer qu'il représente près de cinq fois celui des employés de l'État retraités, et que dès lors il peut parfaitement être accepté comme une base sérieuse d'appréciation.

C'est donc une pension de 400 francs qui, selon mes calculs, reviendrait aux vieux ouvriers. Cette pension, très-appréciable eu égard à ce qui existe, serait peut-être un peu juste pour ceux qui ont leurs habitudes faites dans les grandes villes. Elle ne leur laisserait guère la faculté d'y rester, à moins qu'ils n'y aient conservé une famille. Dans ce cas, sans doute, ils pourraient y trouver une existence tranquille. Comme l'a fort bien dit M. le comte de Melun dans son rapport sur les institutions charitables, « avec un secours modeste (à plus forte raison avec une pension de retraite), le vieillard, l'incurable, au lieu d'être une charge pour les siens, en deviendrait le bienfaiteur. Il peut encore rendre quelque service, soigner le ménage, surveiller les enfants, et le subside qu'il apporterait améliorerait la vie commune. Dès lors... les enfants seraient heureux de recueillir celui qui les a élevés... »

Du reste, le plus grand nombre des retraités résideraient au village : ceux d'abord qui n'ont pas été obligés, par leur genre de travail, de l'abandonner; ceux ensuite qui y ont conservé des relations de parenté ou de camaraderie; enfin, ceux qu'aucune considération particulière ne retient à la ville. A tous ces ouvriers-là, le village offrirait une vie plus facile; ils pourraient même y jouir de quelque aisance, en ajoutant à leur pension le produit des petits services qu'ils seraient encore en état de rendre dans certains travaux des champs.

Une pareille situation, toute modeste qu'elle soit, constituerait déjà une grande amélioration dans le sort des ouvriers; mais cette amélioration ne s'arrêterait pas là. Une fois reconnue, la Caisse ne tarderait pas à s'enrichir de nouvelles ressources dues au concours spontané des particuliers.

Combien de personnages opulents, au cœur généreux, à l'âme droite, à l'esprit élevé, recherchent les occasions de se rendre utiles à leurs semblables! Croyez-vous, par exemple, que des hommes comme MM. Veil-Ricard, Robert Wallace et tant d'autres, qui font un si noble usage de leur fortune en la consacrant à des œuvres philanthropiques, mais nécessairement restreintes, ne seraient pas heureux de trouver un champ plus vaste pour leurs bienfaits? Ils s'empresseraient de contribuer au succès d'une institution qui intéresse, non-seulement les ouvriers auxquels elle est destinée à profiter directement, mais aussi les riches dont elle doit assurer la sécurité, c'est-à-dire l'humanité tout entière. Voyez la générosité avec laquelle sont dotés aujourd'hui les établissements de bienfaisance (dont les charges, du reste, se trouveraient sensiblement diminuées)! Est-il supposable qu'il n'en soit pas fait au moins autant pour un établissement bien autrement fécond dans ses conséquences sociales?

La Caisse de retraite serait donc bien vite en état de pourvoir plus convenablement à tous les besoins. C'est alors qu'on en ressentirait les merveilleux effets.

Au point de vue de la morale, ces effets seraient considérables. N'ayant plus cette grande cause de découragement, « un labeur sans avenir, » les ouvriers n'auraient pas à jeter, comme on dit, le manche après la cognée. Ils tiendraient, au contraire, à ne jamais se relâcher, afin de pouvoir, dès l'âge voulu, compter le nombre d'années de travail nécessaire pour avoir droit à la retraite.

L'homme, attaché à l'atelier par la récompense finale qui l'attendrait, ne l'abandonnerait pas pour le tripot. Il n'irait pas, sous prétexte de se distraire de ses ennuis, s'abrutir dans les cabarets borgnes et les maisons de débauche, où le pousse trop souvent aujourd'hui le dégoût de la besogne. Sans inquiétude sur son lendemain, il demanderait plutôt à la vie de ménage, — ce puissant auxiliaire de l'ordre public, — les saines jouissances qu'elle procure, et ses joies intérieures seraient d'autant plus complètes qu'elles ne risqueraient pas d'être troublées par ces irritations d'esprit qui sont la suite inévitable d'une gêne sans espoir et d'une conduite déréglée.

Et la femme aussi serait ce qu'elle doit être. Jouissant de la même sécurité d'existence, elle ne songerait pas à chercher dans le vice un supplément à l'insuffisance de son salaire qui, du moins, ne resterait plus sans compensation pour l'avenir. Elle demeurerait, suivant ses diverses positions, fille sage, compagne honnête, bonne mère ; et cela, avec cette sérénité de caractère que donne le bien-être intérieur et qui entretient l'harmonie dans les familles.

Les enfants à leur tour, élevés dans ce milieu de travail et d'aisance, apprendraient avec l'âge à en apprécier les mérites, et ils ne pourraient moins faire, devenus grands, que de suivre le salutaire exemple de leurs parents.

Et songez, Messieurs, à l'influence qu'un semblable régime aurait sur le développement de la richesse générale ! La nation qui se déciderait à l'appliquer sérieusement ne tarderait pas à devenir la plus prospère du monde ! Par l'heureuse impulsion que le travail en recevrait et les idées d'ordres qui en seraient la conséquence, il ne pourrait que favoriser l'accroissement des fortunes et la consolidation du crédit.

Sous ce régime, comme on l'a vu, les fortunes n'auraient plus à redouter les coups et contre-coups des brutales convoitises, et elles ne feraient que s'affermir en l'améliorant.

De même, il n'y aurait plus à s'inquiéter pour le crédit public des crises industrielles ou autres qui l'exposent aujourd'hui à tant de fluctuations. Nous le répéterons avec M. de Bonald, « le vrai gage des créanciers de l'État est le travail national; c'est sur notre industrie, notre commerce, notre agriculture que repose le crédit de la France. » Ces grandes sources de toute richesse, les encouragements donnés au travail les rendraient de plus

en plus fécondes, et surtout ils les mettraient
à l'abri des perturbations qui les tarissent.
Par conséquent, ils auraient pour effet certain de préserver de toute dépréciation le gage
des créanciers de l'État, et par suite d'asseoir
sur le plus solide fondement le crédit de la
France.

La sécurité d'existence de l'ouvrier, ce
grand moyen de moralisation et de prospérité,
aurait une influence non moins favorable sur
les choses de la politique. Ce serait la plus
sûre garantie contre le retour de ces terribles
catastrophes qui déshonorent l'humanité, af-
fligent le philosophe et font douter du progrès.

Croyez-vous qu'hommes et femmes, une fois
tranquilles sur leur avenir, seraient jamais
accessibles aux vagues promesses des utopis-
tes, aux appels plus ou moins éloquents des
agitateurs? Croyez-vous qu'en cas de nouvelles invasions ou de nouveaux coups d'État,
ils ne seraient pas prêts à tous les sacrifices
pour les repousser et sauver la patrie? Ils
sauraient qu'en défendant leur pays contre
les attaques des ambitieux, c'est leur propre

bien qu'ils défendent. Y a-t-il un parti à l'intérieur ou une puissance étrangère qui soit en mesure de leur offrir une existence mieux garantie et plus honorable? Ils ne pourraient que perdre aux transformations provoquées par les usurpateurs et les conquérants. Leur intérêt bien entendu les rendrait donc tout à la fois conservateurs et patriotes. Alors le gouvernement de la France, dont ils seraient les premiers soutiens, n'aurait plus d'ennemis à craindre ni au dedans ni au dehors.

Au lieu de suivre cette voie si facile et si sûre, le pouvoir n'a jamais fait que chercher son appui dans la convoitise des richesses, le prestige de l'éclat, l'illusion de la gloire, la crainte de la force, etc. Et cependant tous ces moyens n'ont pas empêché nos gouvernements, — République, Empire, Royauté, — de tomber.

Le bruit s'est accrédité que la funeste guerre de 1870 avait été entreprise dans un intérêt dynastique. On en connaît les tristes résultats. Outre la perte énorme de deux de nos provinces, on sait les sommes dont s'est accru le budget pour en réparer les ruines. Hé bien ! si, renonçant à cette aventureuse expédition, on en eût consacré l'argent à fonder une Caisse de retraite en faveur des ouvriers, est-ce qu'on n'aurait pas mieux atteint le but poursuivi : la consolidation de l'Empire ?

Et l'insurrection de 1871 !... Si, auparavant, on eût employé les millions qu'elle a coûtés à une fondation aussi rassurante pour le sort des ouvriers, est-ce qu'on n'aurait pas prévenu cette terrible prise d'armes socialiste et plus efficacement sauvegardé les intérêts conservateurs?... Et puis, — ce qui est immense, — on aurait évité ainsi de mettre notre brave armée, qui avait eu la douleur de ne pouvoir repousser les ennemis de la France, dans la dure nécessité de vaincre des Français.

Il est temps, enfin, d'ouvrir les yeux à la lumière. Tous les gouvernements qui se succèdent prétendent fermer l'ère des révolutions sans jamais y parvenir. Ne serait-il pas sage, devant la persistance de ce phénomène, de se demander loyalement si les moyens employés jusqu'à ce jour ne seraient pas condamnés à une éternelle impuissance et si, au lieu de se buter à la satisfaction exclusive des appétits et des vanités de quelques-uns, il ne vaudrait pas mieux tenter la réalisation du bien-être de tous, en créant un large établissement de prévoyance au profit de ceux qui n'ont rien? J'ai la ferme conviction que le régime qui aurait la bonne pensée d'entrer dans cette voie, d'accomplir ce progrès, se donnerait une base inébranlable. Il pourrait, lui, proclamer en toute assurance, la fin des révolutions sanglantes. Il jouirait d'une stabilité inconnue jusqu'ici; il serait réellement définitif.

Chose triste à dire! si une proposition de cette nature, dont l'adoption aurait pu prévenir tant de désastres, avait été faite avant les événements qui les ont produits, elle n'aurait eu aucune chance de succès. On n'eût pas manqué de lui opposer la situation obérée du budget, les nombreuses charges supportées par les contribuables, l'impossibilité de réduire les dépenses de l'État ; le tout accompagné de fortes considérations économiques et sociales : « Où trouver de l'argent, aurait-on dit, pour alimenter un si lourd établissement ? » Et là-dessus, on eût condamné la proposition comme radicalement impraticable.

Et cependant, on ne s'est pas arrêté devant toutes ces raisons, et on a bien su trouver de l'argent, — et plus encore que n'en eût demandé cette grande institution, — quand il a fallu couvrir les frais de nos entreprises insensées ! Pourquoi donc ce même argent serait-il devenu introuvable si, à la place de pareilles entreprises, il s'en était présentée une aussi essentiellement utile que celle des pensions ouvrières ?

Vous, Messieurs les Députés, étrangers aux maux que vous avez reçu mission de réparer, vous ne vous renfermerez pas dans cette déplorable routine qui a été si funeste au pays. Vous intéresserez tous les Français à l'honneur et à la prospérité de la patrie, en les appelant tous, dans une juste proportion, à jouir de ses bienfaits, en leur reconnaissant à tous le droit de vivre, chacun suivant sa condition, des fruits du travail national.

La mesure que je signale à votre sollicitude n'est pas une nouveauté, loin de là! Elle a déjà été soutenue, sous des formes diverses, par des autorités que vous ne récuserez pas. Ces autorités, je les cite d'après MM. Tallon et Fournier qui les ont invoquées à l'appui de leur proposition de loi sur l'organisation de l'assistance publique. Rappelant l'état de choses qui existait avant 1789, vos honorables collègues se sont exprimés ainsi :

« Jusque-là, en effet, certaiues taxes et de grands biens avaient fourni au clergé les moyens de pourvoir aux besoins des pauvres. Ces taxes, détournées de leur but originaire, étaient, il est vrai, condamnées par les abus mêmes dont elles avaieut été la source ; mais elles témoignaient hautement du souci que l'on avait, dans les siècles passés, de venir en aide à la misère.

« L'abbé Maury, essayant de défendre la dîme contre les justes et puissantes attaques de Mirabeau, rappelait ses origines ; elle devait être, suivant la définition d'Innocent III, le tribut que le riche doit au pauvre en signe d'égale possession qu'ont tous les hommes sur les biens de la terre. *Egentium tributa animarum in signum domini universalis.*

« Le Parlement de Toulouse avait affirmé les mêmes principes dans un arrêt du 18 avril 1651, où il ordonnait « que, dans les trois jours, les évêques du ressort pourvoiraient à la nourriture des pauvres, passé lesquels il permettrait la saisie du sixième de tous les fruits que ces évêques percevaient dans les paroisses dudit ressort. »

« La démocratie moderne n'a pas trouvé, on le voit, de formules plus radicales pour la pratique de la fraternité humaine et de la solidarité sociale. »

Vous ne ferez pas moins, Messieurs, que le pape Innocent III, que l'ancien clergé français, que le Parlement de Toulouse. Vous voudrez que les vieux travailleurs se ressentent des richesses qu'ils ont contribué à créer. Vous appliquerez à leur subsistance les ressources que j'ai cru pouvoir vous indiquer et dont une grande partie vous avaient été proposées par vos collègues eux-mêmes Ces ressources étaient destinées, il est vrai, à subvenir à notre dette de guerre ; mais puisque vous avez su trouver les moyens de vous en passer, elles restent entièrement disponibles, et vous n'hésiterez pas à les affecter à la fondation d'une Caisse de retraite pour les ouvriers et ouvrières des villes et des campagnes

Cette grande institution, dont l'équité suffirait seule pour la faire adopter, aurait l'avantage, je crois l'avoir démontré, d'être non moins utile au point de vue de l'intérêt général qu'à celui des intérêts privés. Elle n'a heureusement plus besoin d'être longuement étudiée. La grande Commission d'enquête parlementaire, qui fonctionnait depuis plus de trois ans, vient de vous soumettre le résultat définitif de ses patientes investigations. Si elle n'a pas vu la possibilité de vous présenter une solution positive en ce qui concerne la condition générale des ouvriers, elle vous a du moins fourni des éléments suffisants pour vous permettre d'apprécier, en pleine connaissance de cause, les moyens les plus propres à pourvoir à leur avenir.

Les travaux de votre grande Commission, Messieurs les Députés, vous mettent dès maintenant en mesure de vous prononcer sur l'opportunité de la Caisse de retraite que j'ose signaler à votre intérêt, et, au besoin, de décréter en principe la fondation de cette Caisse. Ce serait, à mon sens, l'œuvre la plus féconde de votre laborieuse législature, œuvre qui ne manquerait pas d'illustrer vos noms et de les faire bénir dans toutes les générations. Aussi est-ce avec une entière confiance que je prends la liberté de la recommander à votre bienveillante justice et à votre patriotisme éclairé.

Veuillez agréer, Messieurs les Députés, l'hommage de ma haute considération et de mon profond respect,

P.-E. LAVIRON.

7, rue Audran, Paris.

Vu pour légalisation de la signature de M. LAVIRON, *apposée ci-dessus,*

Paris, le 19 Novembre 1875

Le Maire du 18e Arrondissement

A. CHEVALIER, Adj^t

NOTA. — La Commission des pétitions de l'Assemblée nationale a bien voulu me faire savoir que ma pétition a été renvoyée, le 2 décembre 1875, à la Commission d'enquête sur la situation des classes ouvrières en France. — (M. Ducarre, président.)

Cette Commission d'enquête, il est vrai, a déjà donné le résultat complet de ses travaux sur les plus importants des problèmes soumis à son examen; mais elle n'en poursuit pas moins ses patientes recherches, et elle continue encore à tenir ses séances. La question des retraites ouvrières se trouve donc officiellement posée devant les hommes les plus compétents et que leurs études mêmes désignaient pour la discuter et la résoudre.

Je ne me permettrai pas de préjuger leurs conclusions au sujet des moyens d'exécution que j'ai cru pouvoir indiquer. Dans tous les cas, ces conclusions ne sauraient être que favorables à l'idée en elle-même, parce que c'est une idée absolument juste.

Or, avec l'aide des hommes de cœur, — et il n'en manque pas en France, — ce qui est reconnu juste finit toujours par se réaliser.

P.-E. L.

29 Décembre 1875.

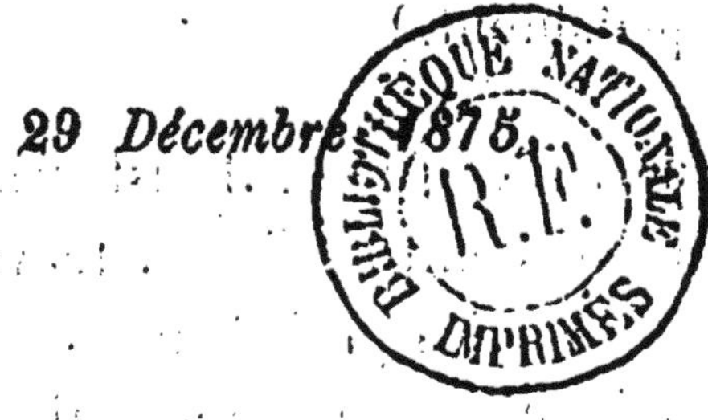

9 782019 132323